基本を知り、応用を知れば百戦危うからず

ルアーフィッシング ブルーオーシャン戦略

マダイ、キジハタ、スジアラなどの新しいターゲットを中心に釣果直結の基本とキモを詳解！

つり人社

目次

企画・編集・写真　小田部修久（フォトリレーション）
BOOKデザイン　佐藤安弘（イグアナ・グラフィックデザイン）
イラスト　廣田雅之

マダイ

こんな魚

分布：全国／産卵期：春／ベストシーズン：春と秋／食性：雑食性が高い／釣法：ハードとソフトの双方のルアーで成立／釣り場：沖、岸（磯や堤防）

タイラバはこんな釣り

2005年前後から関西地方で始められたといわれ、シンプルな釣りの仕組みから人気に火がつき、全国に拡大した。これまで何度かのブームが起こっている。主流は中通し式のフリー仕様のタイラバで、タイラバを基点に他のマダイルアーゲームにも発展している。

釣法

タイラバ

マダイ釣りのハードルを格段に下げた革命的な釣り

3大要素

- ◉巻きスピードの違いによる反応の差を見る
- ◉巻き抵抗によって自重と波動をコントロール
- ◉ライン角度にも重要なヒントが隠れている

最初に抱く疑問にエッセンスが隠れている

今日初めてという人でもマダイが釣れる。しかも、大型の可能性だってある。

釣りの仕組みがシンプルでわかりやすいから初挑戦でも気軽に親しめる。これがタイラバの威力と人気の秘密だ。

はっきりいってタイラバは巻くだけでよい。極端にいえばそうなるが、「巻くだけでよい」という入口をくぐったあとには、状況分析と対策など、釣果を左右するさまざまな攻略法が控えている。その奥行きも釣り人を飽きさせない大きな理由になっている。

そして、マダイならではの強い引きと持ち帰ったあとの新鮮な味も大いに魅力だ。

釣り場に着き、いざこれから実釣というとき、「何グラムの何色のタイラバから使えばいいの？」と疑問が浮かぶが、それは攻略法の裏返しともいえる。よく釣る人はそこを注意深く掘り下げて、巧みにヒットパターンに結びつける。

考慮すべき要素は、重量や色のほかにもいくつかあるのはもちろんだ。

用意するタイラバの重さは、水温が高い夏～秋は30～80g、水温が下がり、低く推移する冬～春は60～150gを目安とする。

上／重さ、色、形によって波動やアピールが変わる。変えるところがゲーム性の高さで奥深さ　右下／タイラバは４パーツで構成されている　左下／ヘッド（オモリ）は色、形さまざま。基本は丸型、球状

ルアーセレクト

タイラバは、ヘッド、ネクタイ、ラバースカート、ハリの４パーツで構成され、ヘッドは状況に応じて重さ、カラー、形状を変える。ネクタイは長さ、形状、カラー。スカートはヘッドやネクタイと同系色にまとめるのが無難だ。釣り始めはオーソドックスに丸型ヘッド、オレンジや赤系統から探っていくとよい。ハリは市販品でよいが、時折ハリ先をチェックして常に鋭いものを使いたい。食いが悪いときは小さくするのも有効。

基本タックル&基本釣法

ロッド：タイラバ専用ベイトロッド５～6ft
リール：PE0.8号が200～300m巻けるベイトリール
ライン：PE0.6～１号
リーダー：フロロカーボン４～５号

◉水深に応じてタイラバの重さを決める。基準は80mなら80gだ。次にそれを海底まで沈める。ラインの放出が止まり、たるむと着底のサイン。着底がわかりにくければ重くする。流れが速いときも重くする。逆に流れが緩いとき、浅いところは軽くする。着底したら速やかに巻き上げる。巻き上げはスピードを一定に保つ。基本はゆっくりめ。巻き上げる高さは船長が指示する層（タナ）やリール10～30回転前後が目安。

➡比重が大きく、潮の抵抗を受けにくいタングステン製タイラバは数個持っておきたい

⬅タックルはベイトがスタンダードでスピニングの普及も広がる

ステップアップ

タイラバが着底したら、即巻き上げに移行する。なぜならマダイは落ちてくるタイラバを見ているからだ。海底に落ちたものが一転して浮上し始めると思わず追尾し、噛んだり飲み込んだりする。ここでアワセが決まるとヒット。着底したのにいつまでも同じところにあるままだとニセモノのエサだと見破られ、興味をなくしてしまう。

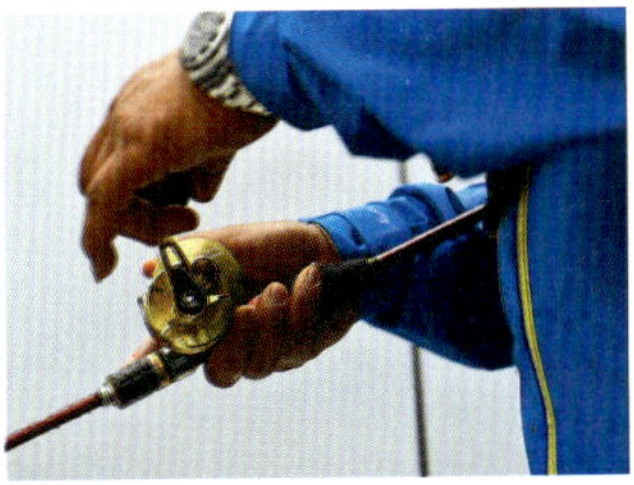

➡着底からの巻き上げのほか、巻き抵抗の重さや軽さ、スピード、巻き上げる高さに釣果のヒントがたくさん隠れている

My Keyword

自分で発見した秘訣をメモしておこう

➡巻き抵抗の把握はタイラバでは最重要チェック項目だ

タイラバの「巻きスピード、巻き抵抗、波動の強弱、ライン角度、色合わせ」を複合的に考える

釣れないときの対策室

マダイの活性が高いときは強い波動のものにも果敢にアタックしてくるが、低活性になると強波動を嫌う傾向がしばしば見られる。そんなときは微波動に抑えたほうがヒットしやすい。タイラバで微波動にするときは、水の抵抗を受けにくい球体や丸型ヘッド、細くてストレート状のネクタイ、ボリュームを少なめにしたスカートをチョイスする。さらに、ゆっくり操作しても波動を抑えられる。逆に、潮を受ける面を持ったヘッドや太くて丸まったネクタイは強波動だ。速巻きしても波動は強くなる。

釣れづらいときに各要素を分析し、魚の状態に合わせてヒットに持ち込んだ瞬間は喜びもひとしお

⬅細長く存在感を放つのがネクタイ。その周りのふさふさしたパーツがスカート。タイラバを海底に届けるのはヘッド（オモリ）の役割だが、巻き上げになるとネクタイの動きがかなり重要になる

あると便利

最近よく使われるのがこうしたワーム。長いものや短いもの、太いものや平べったいものなどさまざまあるほか、アジやメバル、ロックフィッシュ用のものを流用するのもアリ。ネクタイとワームの併用のほか、ネクタイを外してワームだけを使う手もある。

➡ソフト素材のワームは加工しやすく、長短太細、さまざまな形状が作られている

カラーセレクト

カラー交換はヘッドもしくはネクタイを中心にする。イワシを食っているときは金銀などよく反射するカラー、イカを食っているときは蛍光グリーンなどの膨張色で、迷ったらオレンジや赤にいったん戻るとよい。どれにも反応しないと黒などソリッド色が有効だ。

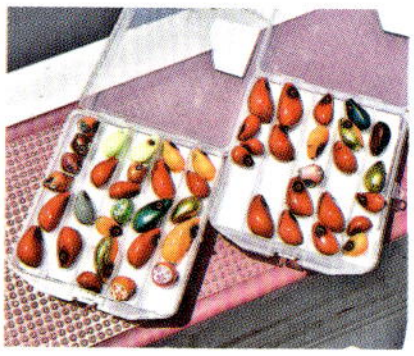

➡タイラバのヘッド（オモリ）はさまざまな形状、重量、カラーがあるほか、高比重のタングステン製など、材質の違うものもある

巻きのメカニズム

基本の「ゆっくりめの巻きスピード」は、釣れていれば変える必要はまったくない。

しかし、なかなか釣れないときはまず巻きスピードに変化をつけてみよう。速くしたり、遅くする。

この対策は仕掛けを切る必要もなく、すぐに簡単にできるから積極的に行なうとよい。

ところで、海の魚の活性は潮の動きと密接な関係がある。それはマダイも変わらない。

潮が動いていれば活性が上がって食い気も高いが、流れていないと活性は下がり、食い気も乏しくなる。

潮が流れているか流れていないかは、タイラバを巻き上げるときにおおよその見当がつく。流れていれば巻き抵抗は強い。そうでないときは抵抗が少なく、スカスカの印象だ。この抵抗感度によって打つ手が決まっ

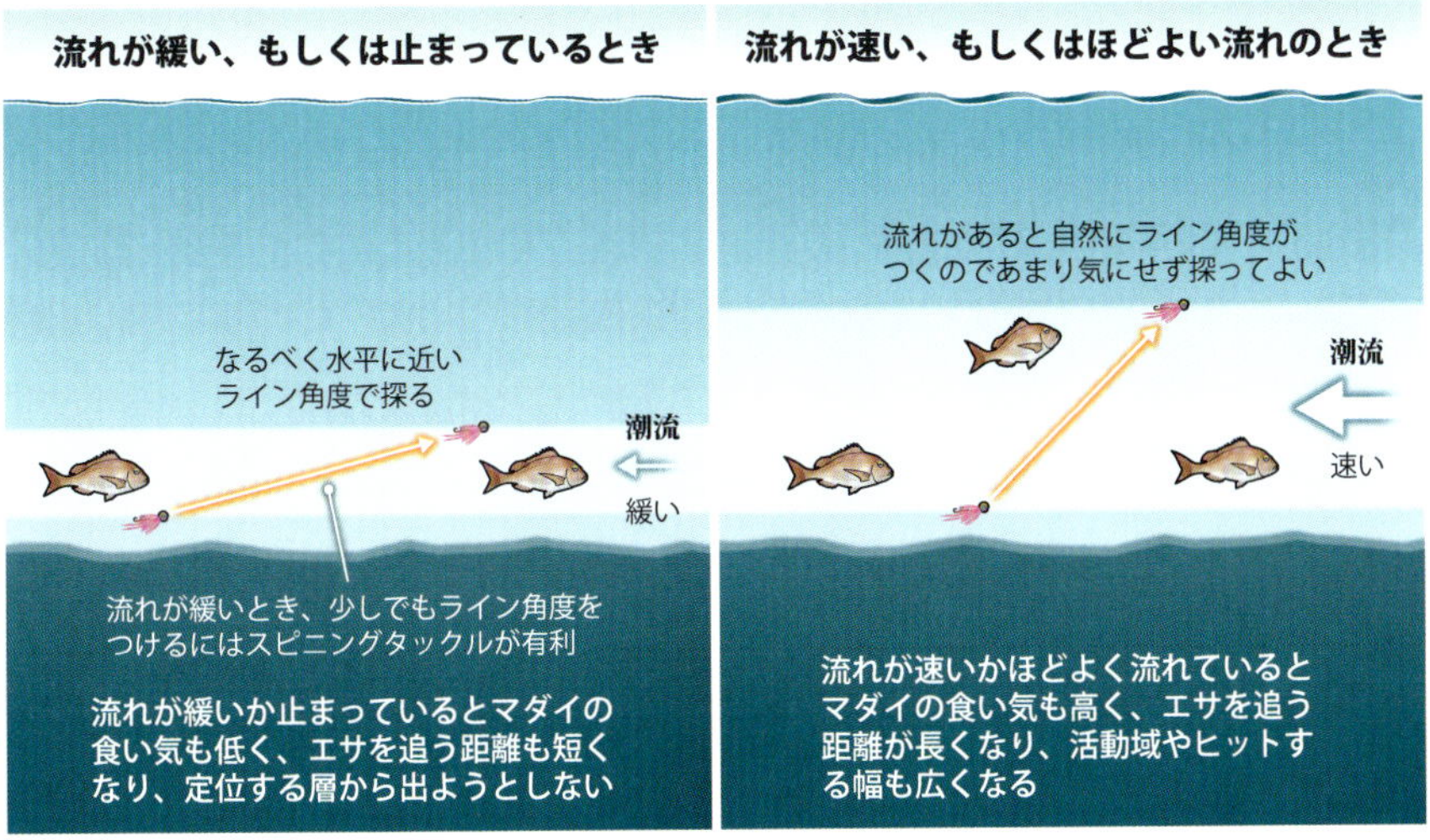
流れが緩い、もしくは止まっているとき
なるべく水平に近い
ライン角度で探る
潮流
緩い
流れが緩いとき、少しでもライン角度を
つけるにはスピニングタックルが有利
流れが緩いか止まっているとマダイの
食い気も低く、エサを追う距離も短く
なり、定位する層から出ようとしない
流れが速い、もしくはほどよい流れのとき
流れがあると自然にライン角度が
つくのであまり気にせず探ってよい
潮流
速い
流れが速いかほどよく流れていると
マダイの食い気も高く、エサを追う
距離が長くなり、活動域やヒットする
幅も広くなる

基本と応用

タイラバを巻き上げるときや沈めているときにラインに角度がつけば、潮が動いているサイン。角度がついた状態で巻き上げると、マダイの捕食層を水平に近い角度で探ることができるため、ヒットチャンスが長くなる。また、流れていれば高活性で食い気もあると予測されるので、より上層まで巻き上げたり、高速巻きで追い食いさせたり、逆にデッドスローでじっくり見せて反応をうかがう。

応用として、潮が流れていないときにはタイラバを軽くしたり、軽く投げて意図的にライン角度をつけるのが対策とされている。

⬆ヘッドの材質を高比重のタングステンにすれば、同じ重さでも体積が小さくなるぶん沈下がスムーズになる。沈むスピードが同じでよければ軽くする手もある。タングステン製はマストアイムの１つだ

⬆ライン角度は釣り始めから気にしておきたい。よく釣る人ほど角度を多角的に分析している

⬆スピニングタックルは、潮の動きが鈍いときにタイラバを少し投げてライン角度を少しでもつけられるので、最近はタイラバに導入する人が増えている。

波動……ルアーなどの水中にある物体の動きに応じて発生する振動を差す。振動が強いほど魚に伝わりやすい。
デッドスロー……超スロースピードでリールを巻くこと。瀕死のベイトを演じたり、ターゲットの動きが極めて鈍いときに繰り出す場合が多い。釣る側もじれったくなるので長く続けるのはタフな作業となる。

てくる。

抵抗が強ければ超スローに巻いてもタイラバはヒラヒラと動くので、それだけで誘いになり、食ってくる可能性がある。反応がなければ逆に速く巻いて様子をみる。

また、巻き上げて抵抗の感覚が変わるところは流れの変化しているところなので、巻き上げ層の目安にする。

エサを用いないルアーフィッシングは、ベイトとなる小魚や甲殻類、虫類といった捕食対象が釣り場に存在するかどうかも釣れやすさに直結する。

船の利用を前提とするタイラバは、魚群探知機でベイトの有無を確認できるため、ベイトがどの層にいるかもヒントにしたい。

ベイトがたくさんいれば食い気も高いと予想できる。その場合、タイラバを追う距離も長くなるので、いつもより上層まで巻き上げて誘うのも有効だ。

←オフショアのヒラマサねらいでもマダイはヒットするが、ニューアプローチのタイジグは、もっと軽いジグで専門にねらっていく

釣法

タイジグ

タイラバと異なる特徴を持つ ニューアプローチ

釣れないときの対策室

着底がわかる重さを使うのが基本だが、軽いものほど吸い込まれやすいので、釣れないときはスムーズに着底できて、なおかつできるだけ軽いジグを使っていく。また、ジグを引っ張ってくるライン角度が違っても反応が変わるため、船べりから真下に落とすだけでなく、少し投げるのも有効。ジグ操作はジャーク&フォールがワンセットだが、まずはジャーク幅を小さくしてみたり、逆に大きくするなど変化をつける。そのほかただ巻きや速巻きも試す価値がある。

←タイラバと併用のケースも多くなってきた。ただし、他の人との仕掛け絡み（オマツリ）防止のため、船長や同船者の了解を得てから行なうこと

ヒットは、ジグを跳ね上げた直後やフォール中が多い

基本アプローチ

タイラバ同様にまず着底からスタートする。その後、船長の指示ダナや自分で決めた任意の層までゆっくりとしたスピードでジグをワンピッチでシャクり、フォールさせる。これを繰り返したり、連続させながら探り上げるが、常に潮の抵抗が変化するところはどこだろうと気をつけておく。その点もタイラバと同じだ。違うのは、ジグはアタリがガツンと強く出ることが多く、ジグ本体にアタックしてくることが多いのでハリ掛かりしやすい。タイラバは合わせないのが基本だが、タイジグは合わせるのが基本だ。ヒットの衝撃、掛かりやすさ、自分から掛けにいくスタイルがタイジグの醍醐味である。ちなみにタイラバのカツカツという小刻みなアタリは、ネクタイやスカートに噛みついていると考えられている。

↑タイジグにヒットしたいいサイズのマダイ

タイラバとジグの本質的な違い

最近、にわかに注目を集めているのがタイジグと呼ばれる手法だ。文字どおりメタルジグを使い、見た目からしてタイラバとははっきり異なる。

タイジグとタイラバとの本質的な違いは、「いかにしてバイトのきっかけを作っているか」にある。

タイラバは基本的にマダイの食性にアピールし、エサをイミテートして訴求している。

対してジグは食性のほかに反射食いを引き出しやすい。

さらに、ジグはボディーとフックというシンプルな構成ゆえ、ハリ掛かりしやすいところが特徴だ。

つまり、タイジグのよさは能動的な操作でバイトを引き出せるところと、バイトすれば高い確率でフッキングが決まるところにある。

➡タイラバ同様に女性にもおすすめで、釣りをしたことのない人でもすぐに慣れる

⬅アクションはゆっくりとした動きが基本。これに反応がなければただ巻きや速巻きも試す

⬆タックルはタイラバ用で代用可能。軟らかすぎないタイプ、硬すぎないタイプが使いやすい

エキスパートの視点

釣りながら、ハリの垂らしの長さを少しだけ気にしておくとよい。マダイの食い方は、まずエサを弱らせたり、殻を砕くために噛みついてくる。ジグを襲ってくるケースはジャークの直後やフォール中が多く、いわば動いているとき。そこで、ハリの垂らしは長いほうが合っているか、短いほうが合っているか、そのときの状況にフィットさせていくようにしたい。実際に市販のハリもショート丈、ロング丈などで売られているものもある。

⬇フックはメタルジグの前後（フロントとリア）に付けるのが一般的で、さらにリアに回転板(ブレード)をセットするのも有効だ

ジグ選び

タイジグ用とうたわれているものも多く出ているのでわかりやすいが、ジグの重さは釣り場の水深に応じて幅を持たせて準備しておく。タイが浅場に入る高水温期は軽め、低水温期は深くなるので重めが前提で、30～80g の範囲が目安。ジグのシルエットは細長いものが一般的。重心が中心にあり、ヒラヒラと水平姿勢を保って沈んでいくセンターバランスのジグを用意しておきたい。そのほか、左右非対称形状や後方重心などのバリエーションを揃え、センターバランスで様子をみたあと、違うタイプに交換して反応をうかがうとよい。

⬅タイジグに使われるメタルジグは軽いものは 30g あたり、重いものは 80g ほど。よく使われるのは 40 ～ 60g。その範囲の重さのメタルジグが各メーカーからたくさんリリースされるようになった

ジャーク&フォール……ロッドをシャクってジグを跳ね上げたあと、落下させる一連の動作とルアーの動き。ルアーではこの動きは基本の１つ。シャクるときのロッドの構えと向きは縦方向が多いが、ルアーとの位置関係やロッド操作が可能な空きスペースの関係から、斜めや下向きで行なうこともある。

ワンピッチジャーク……1 回ジャークするときに合わせてリールを1回転させる。オフショア(沖) の釣りでもショア(オカッパリ) の釣りでもジャーキングの基本といえる操作法。連続ジャークとはこれを数回繰り返す動き。

タックル

ロッド：タイジグ専用もしくは
タイラバ用スピニングロッド
5～6ft

リール：PE0.8 号が
200 ～ 300m 巻ける
スピニングリール

ライン：PE0.8 号

リーダー：フロロカーボン３～４号

⬆タイジグに適したタックルは、よほど深い場所でない限り、スピニングが向いている

船の流し方を知る

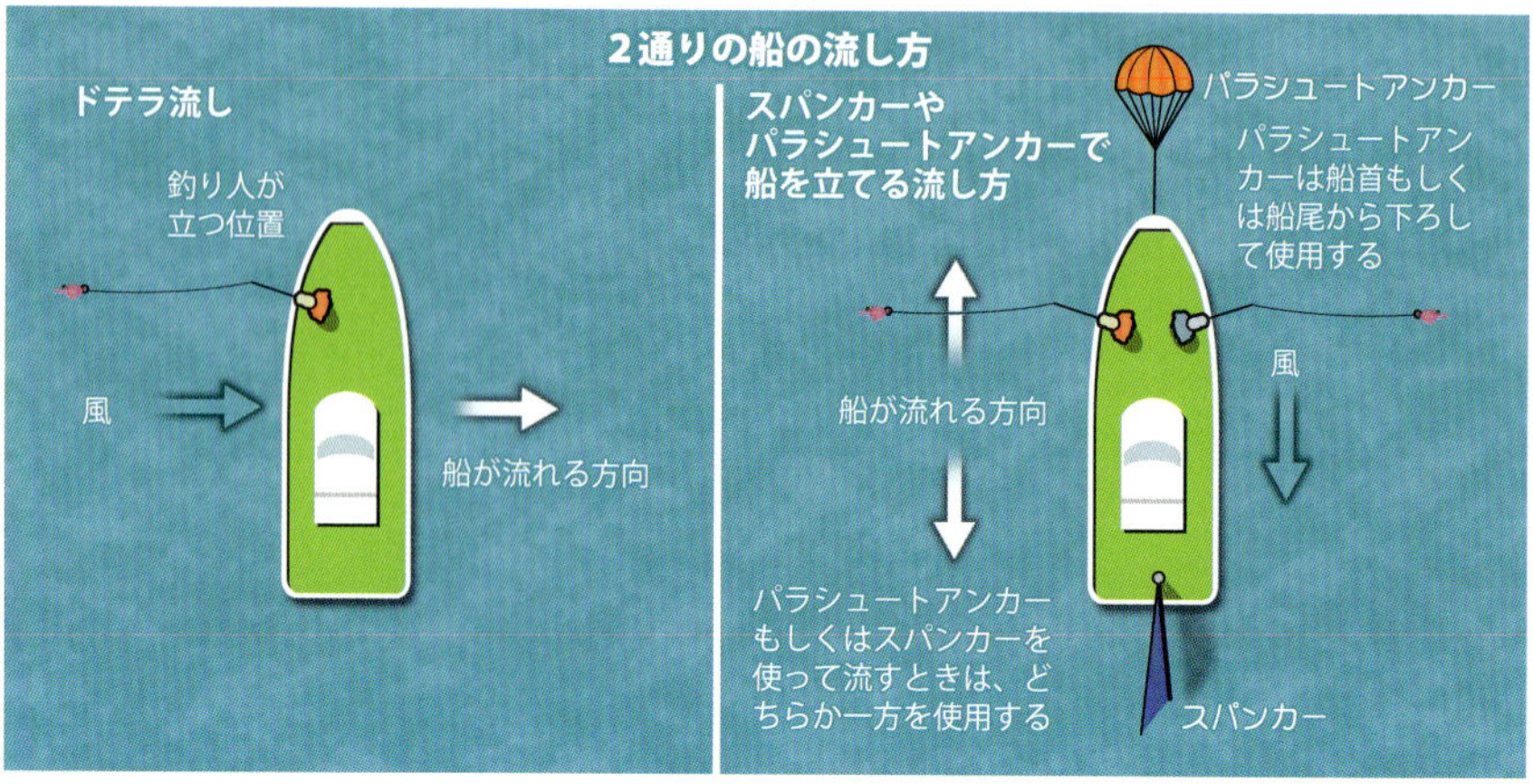

ドテラ流し

⬅ドテラ流しは写真のように片舷からの釣りとなる。ただし、状況次第やドテラ流しでも反対の舷から様子見で釣ってみたりする場合はある

潮流任せ、風任せで船を流す手法。一説では「船をドテッパラから流すからドテラという名称に落ち着いた」とも。流れに対して船首と船尾が横向きになり、釣り人は右舷か左舷のどちらか一方（片舷）から釣る。潮流と風の向きが同じ方向だと理想的。ラインに角度がつきやすくなるのが特徴。潮流任せ、風任せになるため、潮が動かない日や無風の日は苦戦を強いられるが、それはドテラ流しに限った話ではなく、スパンカーやパラシュートアンカーで船を立てる釣りにも共通する。

船を立てる流し

スパンカーやパラシュートアンカー（シーアンカーともいう）を使い、潮流や風に対して船の船首と船尾が同じ向きになる流し方。船を立てるともいわれる。仕掛けが下（縦）に入りやすく、ポイントを正確に通しやすくなり、左右両舷から釣りができるのが特徴。急潮時や強風時はとくに効果的。海域によっては使用が禁止されているところもある。ドテラ流しでも船長が「船を立て直します」とアナウンスする場合があるが、それは「船を回してポイントにつけ直す」という意味になる。

⬆船釣りには両舷からの釣りと片舷からの釣りとがある。スパンカーやパラシュートアンカーを使った釣りは両舷となる

⬆スパンカー（帆）。これを立てると風に対して正対する

⬆両舷に腰掛けを設置し、船を立てて案内することを前提にした遊漁船もある

⬅パラシュートアンカー。まさに海中で開くパラシュートで、これに潮を受けさせ、船を流したり、逆にブレーキをかけて船速を調整する

釣法

ショアレッド

オカッパリでのマダイ攻略の動き

ショアレッドの世界観

沖磯や地磯、沖堤防や堤防といったオカッパリ（ショア）からの釣りで、日中や夜にマダイをねらったり、キャッチしたことを「ショアレッド」と呼び、一部のアングラーが確立に取り組んでいたりする。ショアでマダイがヒットするのは春夏秋冬を通じてあり得るが、確率的に高いのは秋、しかも盛秋から晩秋にかけてのようだ。高かった水温が少しずつ下がり始め、マダイ自体の動きとエサとなる小魚の動きが活発化し、ショア（沿岸）に近いところに差してくるのが関係していると考えられている。アプローチはヒラスズキやシーバス用のプラグを使ったものが多く、タックルもヒラスズキ用や強めのシーバス用が流用される。ほかに、小さめのスプーン＋ワームでねらう方法もある。これは、アジやメバルを釣る繊細なライトタックルを使うだけに、とてもスリリングなやり取りとなり、刺激の強い釣りとなっている。あとはアカハタやキジハタといったロックフィッシュを釣るようなジグヘッド＋ワームでねらうこともできる。

⬆フローティングミノーやリップレスミノーを主体にサラシの際や流れの中で反応をうかがいつつ、シンキングミノーやシンキングペンシルなどにローテーションしながら少しずつ探るレンジを下げていく

➡プラグはヒラスズキ用やシーバス用が使える

⬆巻きスピードはデッドスローやスローで探るよりは速めにするほうが実績は上がっているようだ

⬆ナギよりは多少サラシがあるくらいのほうが警戒心が薄くなってよい。沖磯や地磯はデーゲームが前提

⬅タックルもヒラスズキ用やシーバス用が流用可能

➡アジやメバルを釣るスプーン＋ワームでもよくマダイがヒットする。堤防からもねらえるが夜や朝夕のマヅメ時が確率的に高い

⬆朝マヅメに出た良型マダイ。スプーン＋ワームでキャッチ

キジハタ

こんな魚

分布：本州以南～九州中部／産卵期：夏／ベストシーズン：夏と秋／食性：小魚や甲殻類／釣法：ソフトとハードの双方のルアーで成立／釣り場：岸（磯や堤防）、沖

キジハタはこんな釣り

根の荒い岩礁帯などがフィールドであること、大きさも50㎝以上にまで育つこと、力の強い魚であることから、これまでなかなか釣りとして成立しづらかった。しかし、タックルの進化と釣法の試行錯誤によってキジハタねらいのジャンルが確立し、ショアやボートから楽しめるようになった。

釣法

ソフトルアー

選択肢の多さ＝対応できる幅の広さと手軽さがワームの強み

3大要素

●ベイト寄りか甲殻類寄りかの判断
●スイミングアプローチ
●アカハタより上、オオモンより下を意識する

専用アイテムの充実により加速度的に進展

岩礁帯に生息し、エサを襲うときは勢いよく飛び出し、食ったらすぐに反転して巣穴に潜るという性質。そのため、なかなか難しい相手だった。

近年はロッド、リール、ラインの性能向上に加えてリグやワームの充実から、キャッチ率が急速に伸びた。

岩場に棲むため甲殻類を好むが、同じくらい小魚もよく捕食する。そのため底や下層から中層付近まで浮くことが知られてくると、底をコツコツと叩くスタンダードな方法以外に、ルアーを水平方向に引くスイミングアプローチも取り入れられるようになった。さらにキジハタねらいの専用リグが開発されたことが後押しとなり、ゲームとしての成立を促した。

従って、キジハタをねらうときはボトム撃ちのほかに、底から離れた層でのスイミングも欠かせない。

タックルは、スピニングとベイトのどちらもアリ。強いていえば、底を中心に攻める場合はベイト、スイミングはスピニングタックルが向いているが、大差はないので好みと慣れで決めていい。

もちろん、状況に応じてどちらもできるようにしておけば、より楽しい。

リグセレクト

あたかも自然界に存在する本物のエサであるかのようななめらかな動きと食感がワームの持ち味。キジハタは小魚と甲殻類のどちらも好きで捕食する。偏食傾向は少ないようだが、そのときの状況で小魚を模したワームに好反応したり、逆に甲殻類に似せたワームに好反応する。小魚はジグヘッドリグ、甲殻類は直リグとの相性がよく、テキサスリグは小魚と甲殻類のどちらも演出可能だ。

⬆底一辺倒でヒットするなら、根掛かり回避能力が高く、底を小刻みに探れる直リグ（ゼロダンともいう）が釣りやすい

➡遊動式のオモリを使うテキサスリグは探れる層が幅広く、釣り始めの使用に適している

⬆ソフトルアーは加工のしやすさとリーズナブルな価格で気軽に使える

基本タックル&基本釣法

ロッド：ロックフィッシュ専用ロッド５～7ft（オフショア）、8～10ft（ショア）
リール：PE1号が200m巻けるリール
ライン：PE0.8～1.2号
リーダー：フロロカーボン４～５号

◉ソフトルアーのよさは仕掛け(リグ)とワームの種類の多さにある。テキサス、ジグヘッド、直リグが代表的で、近年はシンカーとブレードが合体したアイテムにワームをセットする専用リグも登場した。まず着底からスタートし、転々と底取りを繰り返しながらもある程度上の層まで探り、ヒットする層に合わせてリグを絞る。底なら直リグ、底から浮いていればジグヘッドリグ、テキサスリグは双方に対応可能だ。

⬆キジハタが底よりも上の層でよくヒットするなら、小魚を食っている可能性が高いのでジグヘッドリグが合いやすい

ステップアップ

戦略として、テキサスで探り始め、アタリが底で多ければワームを甲殻類系にし、リグは根掛かりの頻度によってテキサスの続行か直リグへの変更かを判断すればよい。底から離れた中下層で当たれば、キジハタが小魚を意識していると想定してジグヘッド＋小魚系ワームに徹すればよい。専用リグはどちらも得意なところが強みだ。

⬅タックルはスピニングとベイトどちらもアリだ

My Keyword

自分で発見した秘訣をメモしておこう

釣　法

ハードルアー

従来のルアーに加えて注目すべきは ハタ専用ハイブリッドリグ

⬆堤防もキジハタの釣り場として考えてよいが、魚影が多い場所と少ない場所がある。流れがあってベイトの供給が安定している水道面は有力候補

➡プラグのバイブレーションは巻くだけでよい。さらに、巻きスピードに強弱をつけて泳ぎながら上下動させるといい誘いになる

釣力 UP のヒケツ

潮流の具合に応じて探るレンジを考えるとよい。潮の流れが速い場所なら、潮が止まったときが捕食の好機となるため、魚はそのタイミングで底から離れて中下層に浮く。逆に、潮の流れが緩い場所は、潮が動いているときに中下層に浮く傾向がある。つまり、場所によって行動パターンが異なる。底にいる時間帯は、底近辺を根掛かりなく攻められるリグやアイテムが便利。浮いているときはスイミングによる探りを続ける。

ハイブリッドリグ

オモリ（シンカー）の役割を果たすハードなパーツとソフトルアーを併用して使う、いわばハードとソフトのいいとこ取りアイテムがハタに対して高い効果がある。シンカー＋ワーム、さらに回転板（ブレード）による波動と明滅効果をプラスした、ハタ専用ともいえるハイブリッドリグが登場したことで抜群の実績を上げ、広く普及した。このリグのいいところは、底をコツコツと叩いてもよいし、スイミングさせてもよいところで、守備範囲はまさにハタの遊泳エリアをカバーする。

⬆ハードとソフトのハイブリッドリグの多くはブレードを搭載しており、さらに強いアピール力を持つ

⬆ハイブリッドリグでよく使う重さは 14 〜 30g。水深、流速、飛距離の観点で選ぶ。カラーは派手め、地味めをいくつか揃え、ワームのバリエーションを広げておきたい

⬅ワームはフックにセットし、掛かるときはこうしてワームを襲ってくる。しかし、遠くまでアピールするのはハードなパーツのほうが得意で、ハードで寄せてソフトで食わせるという仕組みになっている

⬅漁具のインチクをルアーとしてリメイクしたものも有効。ちなみにインチクにセットしているのはタコベイトというソフトルアー

あると便利

沖磯は瀬渡し船でクーラーを持参できるから魚を生かしておくキーパーは不要と考えると後悔する。キジハタを筆頭に、アカハタやオオモンハタの釣りは転々とチェックしながら釣り歩くのが基本。そのため、沖磯ならそこそこ規模の大きな磯に渡してもらおう。磯というより離れ小島のイメージだ。地磯も歩ける規模のほうがよいが、小さければランガンしてテンポよく探っていけばよい。釣れたときに備えて、クーラーのほかにネット状のバケットがあると釣り歩くのに重宝する。

⬆釣ったハタをキープするのにソフトバケットはかなり役に立つ。折り畳めるタイプは特に使い勝手がよい

攻防の要

せっかくハリ掛かりした魚が取れるか取れないかは、掛かった直後に明暗が分かれる。掛かったら、息もつかせずひと思いに底から引きはがすように浮かせてしまうことだ。掛けた直後にラインの巻き取りにもたついてしまうと、岩の穴や隙間に潜られてしまう。ハタ類は潜るとエラを開き、それが引っ掛かって簡単には引き出せない。その反面、底から離すことができれば、あとはほとんどの場合、危なげなく取り込める。


漁具……元々漁師さんが使っていた日本固有の擬似餌。これを元にして現代版ルアーにアレンジしたのがタイラバであり、インチク。根魚用ハイブリッドリグは、インチクの発展系ともいえ、オモリの部分の形状を考え、回転板を搭載したところがエポックメイクかつ効果的だった。

ボトムノック、ボトムバンプ……底をコツコツと叩きながら探るアプローチ。叩く＝ノック、バンプ＝ぶつかると考え、どちらも定期的に底取りを繰り返すことが大切である。

ランガン……RUN&GUN を意味し、移動しては釣って確かめていくことを走っては撃つ姿にたとえたもの

⬆フィールドを開拓するときはイシダイ釣り場が1つの目安になる

⬆ハードルアーといえば元来こうしたメタルジグやプラグを差していたが、そのカテゴリーには収まりにくいルアーも登場するようになった

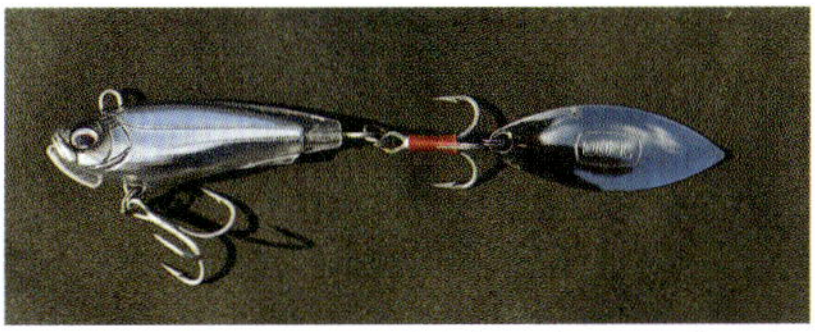

⬆後部にブレードを持つプラグはスピンテールやブレードベイトなどと呼ばれる

⬅小型のメタルジグはショアアプローチでも有力ルアーの1つ。ジャーク&フォールやスイミングなど、操作次第でいろいろなアプローチが可能だ

⬆キジハタはカサゴよりも大型化し、力も強い。それだけに、これまではバラすことが多かったが、近年はキャッチ率が格段に向上した

アカハタ

こんな魚

分布：本州中部～九州南部／産卵期：夏／ベストシーズン：初夏～秋／食性：甲殻類、小魚／釣法：ハードとソフトの双方のルアーで成立／釣り場：岸（磯や堤防）、沖

アカハタはこんな釣り

温かい海に多く、九州南部でよく釣れていたが、近年は徐々に生息域が北上しており、関東の海でも見られるようになった。キジハタやオオモンハタねらいのアイテムがそのまま使え、大まかなアプローチもそれらのハタとほぼ同じ。最大サイズの関係からライトタックルの使用も可能。

釣法

ソフトルアー

キジハタよりもソフトルアーの出番がやや多い

3大要素

- ボトムノック寄りかスイミング寄りか
- 岩礁帯中心の釣り場選び
- キジハタやオオモンハタよりも下

ハタはハタ同士で棲み分けている

実のところハタの種類はかなり多い。そのなかでもアカハタ、キジハタ、オオモンハタの3種は御三家といってよいほど人気がある。日本各地で安定してねらうことが可能で、それだけの実績も上がっている。

オフショアとショアの双方から釣れるため、釣り人それぞれのスタイルや主義に合致しやすく、多くの人に喜ばれる魚種でもある。食味のよさも人気を支える大きな理由だ。

しかも、この3種は同じ釣り場ですべて釣れることもある。ただし、ハタはハタ同士で棲み分けており、アカハタが釣れたポイントで次にキジハタが釣れるといった現象は希である。

アカハタは岩礁帯の底層を好み、オオモンハタはどちらかといえば砂地の中層、キジハタはそれらの中間的な位置づけで、岩礁帯と砂地交じりの底から中層まででよく反応する。

3種のハタに共通していえるのは、フォール中のヒットが多いこと。そのため、フォール時はラインテンションを保ち、いつバイトがあってもすぐにわかるように備えておきたい。

底層勝負ゆえ、初動が遅れると相手のサイズが小さくても取れる確率が落ちてしまうことにも留意しておきたい。

⬅グラブはカーリーテールが特徴

➡シャッドテールは名のとおり尾ビレを振る小魚のような動き

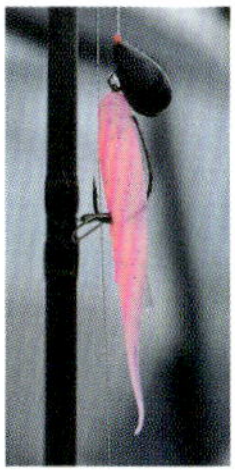

➡ホッグ系は甲殻類のエビを模したワーム

⬅ストレート形状のワームはピンテールとも呼ばれ、抑えた波動が効くときにマッチする

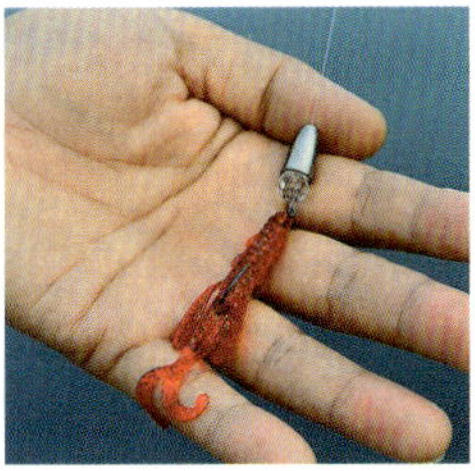

ルアーセレクト

ルアーセレクトと合わせてリグセレクトも行なったほうがよいが、リグセレクトに関してはキジハタを参照のこと。ルアーセレクトに関しては、ハタねらいで多用されるワームはホッグ系、グラブ、シャッドテールの3タイプと考えてよい。底ねらいはホッグ系及びグラブ、中下層ねらいならグラブもしくはシャッドテールが適している。そのほか、食いが渋い状況ではストレートテール（ピンテール）も備えておけば万全だ

基本タックル&基本釣法

ロッド：ロックフィッシュ専用ロッド5～7ft（オフショア）、8～10ft（ショア）
リール：PE1号が200m巻けるリール
ライン：PE0.8～1号
リーダー：フロロカーボン3～5号

◉ボトムを基点に探る高さを考慮したリグ選びと食性を加味したワーム選び、着底から釣りがスタートするのはキジハタやオオモンハタといったほかのハタと変わらない。ただし、キジハタやオオモンハタと比べると最も浮きにくく、底に近い層でヒットするケースが多い。また、アカハタは岩礁帯を好むので、初めての釣り場ではいち早く底質と海底の起伏の状態を把握するのが攻略には不可欠だ。

⬆タックルは、ベイトかスピニングか甲乙つけがたい。最後は各々の好みで決めてよい

⬅アカハタは上手くファイトできればライトタックルでも楽しめる

ステップアップ

アカハタは特にテキサスリグの使用頻度が高くなる。テキサスリグのシンカーとフックの間にビーズ玉を仕込むとカチカチとした音が鳴り、それがアピールになる。しかし、この音を嫌う場合があるので、できれば両方試して反応の差を確かめてておくとよい。また､ワームにブレードをセットするのはおすすめのアレンジ。

My Keyword

自分で発見した秘訣をメモしておこう

↑アカハタをねらう、アカハタの釣り場を開拓するなら、海底も岩礁帯が広がる磯がよい。防波堤で探すときも海底は岩礁帯のほうがよいが、堤防は海底が砂地であることが多い

←アジやメバルを釣るライトゲームロッドでもアカハタ釣りはできる

釣法

ハードルアー

速やかに沈み、確実に底層に届けられるものを

ジグの基本操作

ジグは鉛の塊だから扱いにくいイメージがあるが、決してそんなことはない。むしろ小細工ができるルアーだ。まず、張っていたラインをフリーにすれば自然に落下する。ただ巻きすると適度に動きながら進む。まったく動かないというもののほうが少ない。ごく希にまったく動かないルアーにしかヒットしないという場面もある。ジャークするとジグ形状に応じて横飛びしたり跳ね上がったりする。釣り場ではこれらを組み合わせ、巻いたら止めてみたり、ワンピッチで連続ジャークするとよい。なかでもジャーク&フォールはジグでも基本中の基本の操作で、ジャークしたらフォールで食いのタイミングを作る。フォール時はラインを張るのとフリーにするのと両方試すとよい。

↑メタルジグの形状や長短はさまざま。ハタねらいには7～40gを用意しておけばよい

ジグの使い勝手のよさ

キジハタ釣りを大きく前進させたハイブリッドリグももちろんアカハタに使えるが、底層を中心に釣りを展開することが多いアカハタの場合、より着底がスムーズに行なえるメタルジグも使い勝手がよい。さらによいところは、形状や重量のバリエーションが豊富なうえに、動きやシルエットの違いがジグを交換するだけで簡単にできる点にある。メタルジグを使うときに気にしておきたいのはフックセッティングで、投げて誘うショアの釣りではフックをフロントだけにするほうが根掛かりを抑えられて釣りやすい。垂直（バーチカル）に誘うボートからの釣りでは、ショアの釣りほど根掛かりしないため、ジグの前後に４本のフックをセットするのが増えている。

↑メタルジグにヒットしたアカハタ

密集しやすい

アカハタが釣れたポイントの周りには、別のアカハタが潜んでいる可能性が高い。本文で触れたが、ハタはハタ同士、種類の異なるハタとは棲み分けている。アカハタは特に密集している傾向が強い。極端なケースだとハリ掛かりした1尾に追尾して足元まで寄ってくるケースもある。

⬆エサや地形などの関係か、アカハタは密集しているケースが高い

⬅同じポイントから釣れた2尾の良型

⬆アカハタ、キジハタ、オオモンハタは、産卵期も同時期で、ベストシーズンも夏で共通する。もっとも、細やかな視点でみれば釣期は地域や魚種によって多少前後する。つまり、夏オンリーではない

リリース時のメモ

アカハタは海底近くで釣れることが多いゆえ、水面や陸、船のデッキに上げたときには水圧の変化によって浮き袋が膨らみ、そのまま海に戻しても潜れないことがよくある。そうすると鳥や他の魚食魚の餌食になってしまうだけなので、せっかく海に返すなら、エアー抜きと呼ばれる道具で浮き袋の空気を抜いてから戻してあげるとよい。これはどのハタにも共通している。

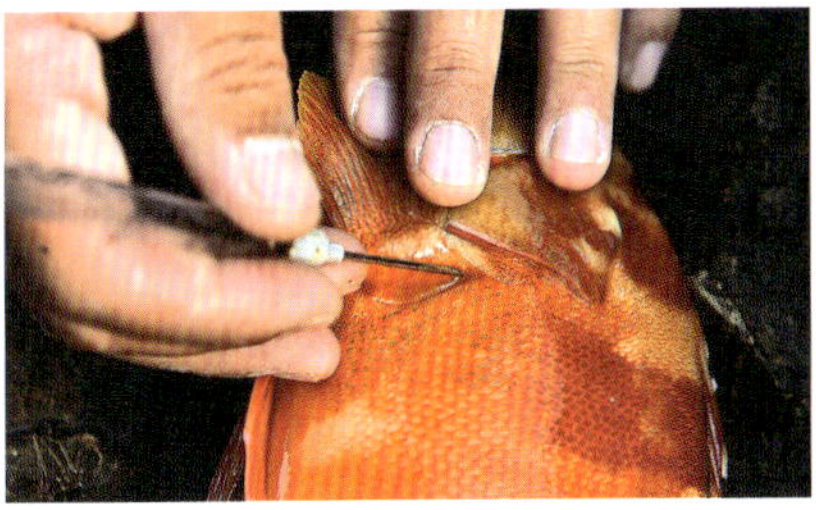

⬆エアー抜きの際は胸ビレの付け根や肛門から抜くとよい。最終手段は、口から浮き袋がのぞいていれば、それを破る

ジグもサイズ感に配慮

実際の釣りでは、ソフトルアーもハードルアーも分け隔てなく使用する。

ルアーは自分の好みやフィーリングで決めてよいが、初めての釣り場ではソフトルアーから始めるほうが無難。根の荒さや起伏がわからず、根掛かりの確率も未知だからだ。

一度把握すれば、ここはソフトルアー向き、ここはメタルジグでもいけるという具合に使い分けができるようになる。

メタルジグを筆頭とするハードルアーのよいところは、飛距離を稼げる点にある。

ジグヘッドリグでハタをキャッチできたら、今度はそれと同程度のメタルジグにしてさらに遠い範囲をチェックすれば、追加の釣果も期待できる。操作方法は、ただ巻きやワンピッチジャークなどさまざまだ。

オオモンハタ

こんな魚

分布：本州中部〜九州南部の太平洋岸／産卵期:夏／ベストシーズン:初夏／食性:魚食性が高い／釣法:ハードとソフトの双方のルアーで成立／釣り場:岸（磯や堤防）、沖、

オオモンハタはこんな釣り

激流が流れ、ゴツゴツとした岩礁帯が広がる外海にもいるが、むしろ海底が砂地の穏やかな海域や湾内などのほうがよく釣れる。相模湾や伊豆界隈にも見られるが、大型が出るのは高知県や鹿児島県。

釣法

ソフトルアー

中層を探りやすいリグを中心に組み立てる

3大要素

◎ボトムよりも中層を重点的に
◎スイミングアプローチ
◎釣り場は砂地交じりの底質

「ロックフィッシュだから底」ばかりではない

オオモンハタ、キジハタ、アカハタの中では最も大型化し、遊泳力も高い。引きも3種のハタの中で一番パワフルだ。

また、ベイトについて移動し、砂地でもしばしば釣れることも特徴の1つ。

オオモンハタは、テリトリーから離れず、底からなかなか浮かないタイプのハタとは明らかに違っている。

もちろん甲殻類も食う。だが、このハタはベイトフィッシュ好きでもある。したがってハタにありがちな底を基点にした探りのイメージで向き合うのではなく、中層を攻めるつもりでやるくらいがちょうどよい。

大きくもなり、引きも強いが、幸いにして中層にまで浮いてくれるところがキャッチのしやすさにつながっている。

とはいえ、いつも中層に浮いているわけではないので、中層で反応が得られなければ探る層を下げていく。

下層から底層を釣るときの注意点は、当たった直後、魚に先手を取られないことだ。ラインの緩みに気をつけ、ロッドパワーを充分に発揮できる角度に構えてルアーを操作し、ヒットの瞬間からロッドを絞りつつ、上体を反らせて魚を浮かせるようにしたい。

ルアーセレクト

グラブ（カーリーテール）、ストレートテール、シャッドテールの違いは波動の強弱。魚がその日、どの波動を好むかをローテーションで見つけるとよい。カラーは、基本的に自分の直感で決めてよいが、時間帯や視認性に配慮して濃淡に変化をつければよい。

↑中層に浮いたオオモンハタを釣るにはジグヘッドリグがマッチする

↑ワームの大きさは3～5in。これはアカハタやキジハタも共通している

←オオモンハタはこのとおりよくジグヘッドにヒットする

→初めての釣り場では、底を転々と探ってまず底質と地形を把握するのが攻略の早道。それは中層ねらいのオオモンハタにも通じる

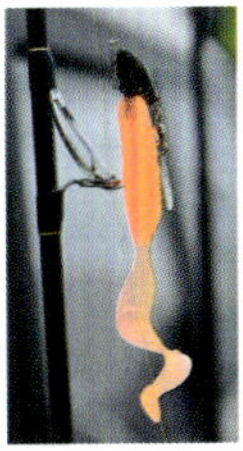

→ジグヘッドの重さは、水深や流れの速さで決めるが、7～28gを用意しておけばよい

基本タックル&基本釣法

ロッド：ロックフィッシュ専用ロッド5～7ft（オフショア）、8～10ft（ショア）
リール：PE1号が200m巻けるリール
ライン：PE0.8～1.2号
リーダー：フロロカーボン4～5号

◉リグやワーム選び、着底から釣りがスタートするところはキジハタやアカハタに準じてよいが、それらのハタよりも上の層を重点的に釣る。中層は巻き上げる角度やスピードを変化させて反応を探る。砂地好きの性質を広く考えればサーフでも成立することになる。確かにサーフでもヒットするが、ただ砂地だけの場所ではなく、サーフの中にポツンと大岩があるといった条件が理想的。

→タックルはスピニング、ベイトのどちらも適している。これもほかのハタと変わらない

ステップアップ

根魚はその性質上、釣りあげると数が少なくなる。大型が釣れることで有名な場所でも人が押し寄せればやがて釣れなくなる。小さな個体はどんどんリリースしたほうがよい。また、新たな釣り場を探す努力も大切だ。オオモンハタやキジハタなら防波堤でも釣れやすい。釣り場開拓は推理ゲームのようでとても楽しい。

↑実は、身近な堤防も隠れたハタ釣り場の可能性がある。試しに釣ってみると新たな発見があったりする

My Keyword

自分で発見した秘訣をメモしておこう

地形的に平らな磯の沖は岩礁帯に砂地が交ざるスポットがあるもの。そうしたところがオオモンハタのポイントになりやすい

フックについて

トレブルフックよりもシングルフックを

エキスパートの視点

オオモンハタもほかのハタも釣り人がいかに先手を取るかが重要だ。そのお膳立てとして別項で紹介したのは、ラインの張りを保った状態でのルアー操作だった。そして、この釣りに精通した人はさらにロッドの構えにも細心の注意を払っている。ロッドをどの角度で構えるかは、アタリの感知を大きく左右する。また、アタリはロッドだけではなく、手に伝わるもの。こだわる人は自分が使うロッドがどの角度で最も鋭敏になるかを理解し、力まずに握っている。

⬆キャスト、感度、パワーなどなど、ロッドに備わる機能はさまざまあるが、どうせ使うならロッドのポテンシャルを最大限に引き出して使いこなしたい

⬆スロージギング用のメタルジグを遠投してキャッチしたオオモンハタ

フックセレクト

ハード、ソフトに限らず、およそ釣りというものはフックがなければ始まらない。ハタ釣りで使うメタルジグにはシングルフックを使うのが基本だ。ジグにはトレブルフックがセットされた状態で販売されているものも多いが、ハタ用で使うときはそれを外し、前方にシングルフックを取り付ける。このシングルフックはアシストフックとも呼ばれる。オオモンハタは中層で釣れることが多く、トレブルフックの出番もゼロとは言い切れないが、浅瀬から離れたボート釣りでもオオモンハタが食っていたのはカニだったなんていうケースもある。やはり、着底からの釣りスタートという点を踏まえてシングルフックにするほうが賢明だ。着底とトレブルフックは、根がある海底では相性が悪い。

⬆上下のジグは、大きさとシルエットが似ているが、フックセッティングで守備範囲が変わってくる。シングルフックをセットした上のジグは底層、トレブルフックをセットした下のジグは上層。フックも適材適所だ

⬆ボート釣りでキャッチしたオオモンハタが吐き出したカニと思われる残骸。小魚好きで中層で釣れることが多くても、やっぱり甲殻類も食っている

こんな世界もある

ハタはカヤックフィシングの好ターゲット

ハタのベストシーズンは夏。最近の夏の猛暑は、釣り人にとっては軽視できない問題だ。水に浮かび、ときに海水に足を浸して暑さをかわしつつ釣りができるカヤックは、近年少しずつ広がりを見せている。大きな船が入れない浅場や、陸行できない場所に入れるところもメリット。夏の海とカヤックとハタ釣りはとても相性がよい。カヤックを選ぶときはシットオンタイプにして、クーラーなど必要な道具類はロープに結んで積載する。

カヤックは転覆することを前提としていないので、強風の日は避ける。また大型船が航行する海域にも出ない。岸から沖に出るのではなく、岸伝いに漕いで釣り場を開拓するようにしたい。遠くから少しでも確認しやすくなるように旗を立てておく。いうまでもなくライフジャケットは着用だ。天候がどう推移するかに注意して安全最優先で漕ぎ出せば、自分のハタ釣りスポットでパラダイスのような釣りも夢ではない。

↑カヤックで釣りを楽しむ人が近年は増えている

←暑い時期はハタシーズンであり、カヤックシーズンでもある。これらをまとめて楽しむのが夏のカヤックハタゲームだ

↑釣りにはこのタイプのカヤックを使う。シットオンタイプという

↑カヤックにはシットインタイプもあり、こちらは釣り向きではない

ストップ&ゴー……ルアーを動かし続けている途中で静止させると、動きの変化に大きな落差が生じ、食い気が低くても反射的に反応する場合がある。トップウォータープラグで水面を引いているときのみならず、中層、下層、底層、海底のズル引きのどの層でも繰り出せる。

スイミングパターンを知る

中層＝スイミングは、オオモンハタをキャッチするときの重要な方程式。

アプローチはシンプルに巻くだけでもよい。だが、やはりいくつかのパターンを持っていると対応幅が広がる。

ただ巻きでロッドを上下動させるだけでも海中のルアーには軌道の変化がつくので、簡単にできて効果がある。リーリングスピードに緩急をつけるのもこれに似た働きがある。

次に巻いていた手を止める。ストップ&ゴーと呼ばれるアクションで、ルアーが止まったときやフォール時にヒットする。

スイミングにジャークを組み合わせるのもよい。一定の速度で泳いでいたルアーが、ジャークのときだけさらに強い波動を出す。ヒットの多くはそこからのフォール時に出る。

アオハタ

こんな魚

分布：東北～九州南部／産卵期：夏／ベストシーズン：夏とその前後／食性：小魚、甲殻類／釣法：ハードとソフトの双方のルアーで成立／釣り場：沖

アオハタはこんな釣り

キジハタ、アカハタ、オオモンハタのみならず、マハタやクエまでがオカッパリの釣りでヒットするのに、なぜかこのハタは沖でよく釣れる。オオモンハタよりも砂地を好むようで、タイラバやタイジグのときに砂地で釣れる。

釣法

タイラバ&ジグ

タイラバやタイジグでマダイじゃないと思ったらこの魚かも

3大要素

- 沖合の砂地が好きなハタ
- 底から下層中心に探る
- 派手に動かすより地味に誘う

本命ではないが釣れるとうれしい魚

マダイねらいでの副産物として、アオハタはポピュラーな外道である。食べて美味しく、2kg前後もよく釣れるのでいいお土産になる。

底付近でヒットするため、次のことに気をつけると、マダイを絞り込みつつこの魚も手にしやすくなる。

着底したら、5mほど巻き上げたところで一度落とし、再着底させる。こうすると余分なラインが回収できてアタリが出やすくなる。また、2枚潮対策にもなる。

さらに、一度落とすときに観察しておきたいのは、何秒かかるかだ。

時間がかかるなら潮がよく流れている証拠であり、すぐに着底するなら流れが緩い証拠だ。

潮がよく流れていたら、いつも以上にゆっくり巻いてもタイラバはよく動くので、それだけでヒットしやすい。

ただし、潮が流れすぎていると着底自体がわかりづらくなるほか、何回も着底させることさえ難しくなる。

こういうときはいったん船べりまで回収して入れ直す。

緩い潮は自分からタイラバを動かして波動を出してみる。それが通用しなければもっと波動を出すか、逆に抑えてみる。

⬅立派なサイズをキャッチした。時期は真夏

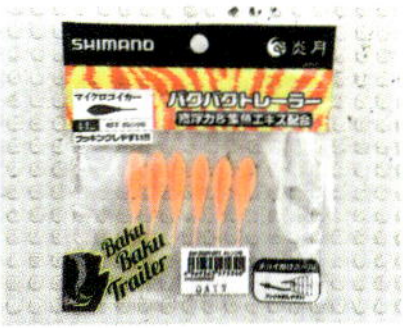

⬆ワームはアオハタにもかなり有効

⬅タックルはタイラバ用でよいが、最近はSLJ用のロッドもたくさん登場しており、ジグをメインにするならそちらもおすすめ

ルアーセレクト

タイラバのセオリーで釣ってよい。基本に沿って使う重さを選んだら、巻き上げる層を決め、巻きスピードをさまざま試し、ライン角度を意図的に変えて探り、反応しなければ少しキャストしてライン角度を強制的につけ、それでも反応しないときはあえて基本からそれた重さのタイラバを使ってみる。さらに、その合間にカラーを変えるだけでなく、ワームなども試してみる。

基本タックル&基本釣法

ロッド：タイラバ専用ベイトロッド5～6ft
リール：PE0.8号が200～300m巻けるベイトリール
ライン：PE0.6～1号
リーダー：フロロカーボン4～5号

◉小魚や甲殻類のほかにも、虫類も好んで食べるのでワームがよく効く。もっとも、あくまでマダイねらいの延長としてのワーム使いでかまわない。アオハタは底~下層でヒットするので、確実に底へルアーを届ける。そのため、フォール時に軽くラインを指で押さえてゆっくり落とす（見せる）のもあり。これは同時に2枚潮対策にもなる。そのほか、着底回数を増やしたり、巻き上げを低くして様子をみる。

➡使用ルアーはタイラバとタイジグ（メタルジグ）が2大ルアー。重さ、カラー、形状はマダイに照準を合わせておけばよい

⬅メタルジグもマダイ用やSLJ用でよい。もっともマダイ用とSLJ用に明確な線引きはない

ステップアップ

2枚潮とは上層と下層の流れの方向が違ったり、流速が違うこと。余分なラインが出すぎてアタリがわからなかったり、合わせてもアワセが利かずにハリ掛かりし損ねてしまう。対策は別記したほかに重いタイラバを使うこと。これが最もシンプルでわかりやすい。ラインは曲線ではなく、張らず緩めずの直線が理想的だ。

⬆早春のタイラバに反応したナイスサイズ

My Keyword

自分で発見した秘訣をメモしておこう

アマダイ

こんな魚

分布：全国／産卵期：秋／ベストシーズン：春と秋／食性：雑食性が高い／釣法：ハードとソフトの双方のルアーで成立／釣り場：沖（砂地、砂泥）

アマダイはこんな釣り

タイラバが誕生するまではルアーターゲットとして考えられていなかったが、タイラバの外道としてアマダイがよく掛かることから、最近はボートゲームの対象と捉えられている。とても美味なので人気がある。

釣法

タイラバ

タイラバを基点にアマダイを専門にねらう動きも出ている

3大要素

◉砂地に流れたら底層ねらいに徹する
◉ズル引きによる煙幕と少しのステイ
◉ワームの波動も積極的に活用する

人気が拡大する要注目の高級魚

ひょうきんな顔をした美味な魚で、冬も春と秋同様によく掛かる。生息する水深はさまざまで偏った傾向は見られない。

口の向きを見ると底に隠れているエサを食うのに適しているのがわかる。

エサを漁るのに砂を巻き上げながら泳いでいくようすから、下を向いていることが多いと考えられる。

そのため、アプローチも必然的に底層重視になるが、エサが射程圏内に入ると追い食いもする。したがって、理想は少し巻き上げたところのほうがハリ掛かりしやすい。

それを踏まえると着底したら底をズル引きして煙幕を上げ、その後はリフト&フォールで誘うのが1つの攻略法である。

また、アマダイには自分のテリトリーがあるようで、そこに侵入したものに対して威嚇や攻撃しているという見方もある。

つまり、食性に訴えるアプローチではなくてもヒットの可能性がある。それを反映させれば目立つカラーの使用や、存在感の強い重いタイラバの使用も効果が見込める。

よく釣れるアマダイはアカアマダイだが、希にシロアマダイも釣れることがある。こちらは超高級魚だ。

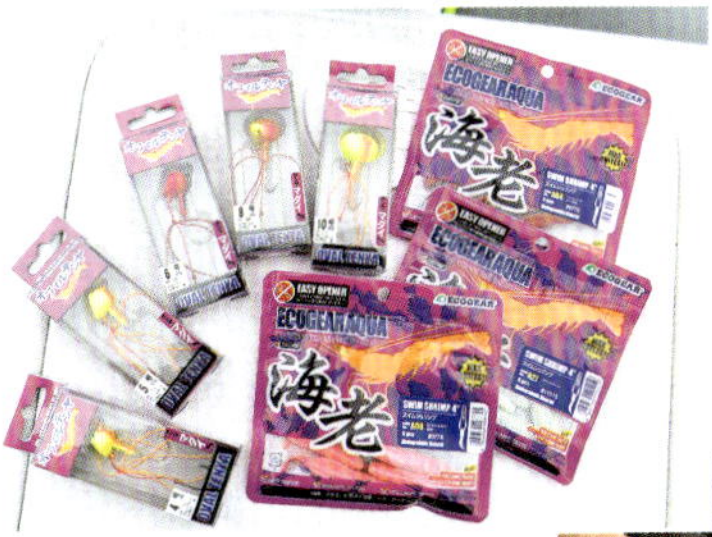

⬅ルアーにリメイクしたテンヤバリとそれにセットするワーム。この組み合わせでもアマダイをねらえる

⬆存在感のあるワームをセットしたタイラバ。このあとこれにアマダイがヒットした

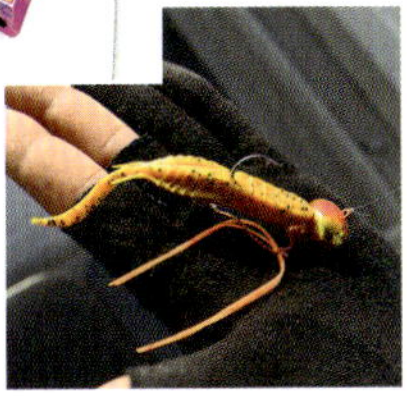

⬆スカートを外してワームとネクタイの構成も効果的だ

ルアーセレクト

タイラバはマダイをねらうセッティングでよいが、砂地の甲殻類や虫類をよく食べることを加味すると、ヒラヒラとした動きのネクタイよりもワームの存在感がハマる局面は少なくない。スカートを外してネクタイとワームで誘うのもアリ。カラーは砂地を考慮すれば同系の膨張色ほか、対照的に目立つ色も試す価値はある。ボトム一辺倒ではなく、少し巻き上げるのも多用したい。

基本タックル&基本釣法

ロッド：タイラバ専用ベイトロッド５～6ft
リール：PE0.8 号が 200 ～ 300 ｍ巻けるベイトリール
ライン：PE0.6 ～１号
リーダー：フロロカーボン４～５号

◉タイラバでマダイをねらっていてよく掛かるくらいなので、着底のあと速やかに巻き上げるのは間違いではないが、アマダイはマダイ以上に砂底のエサを漁っている。したがってタイラバではほとんどしないズル引きが有効。砂煙を上げるとよいアピールになり、そこから少し巻き上げると魚から見つけてもらいやすくなる。岩礁帯を流れているときにねらうと根掛かりするので注意。

⬆タックルはベイト、スピニングどちらもよく、好みや手持ちの道具で考えてよい

ステップアップ

砂地は根掛かりの心配がほとんどないため、着底させたあとも放置や引きずっても安心ではある。ただし、魚から捕食対象だと認識してもらうためには着底からの動きは連続していたほうがよい。着底したときにラインを張れば、あとは船体の流れで自然と底を引きずって煙幕を上げてくれる。

⬅着底後に巻いて煙幕を上げるのもよいが、巻かずに船体の流れに任せるだけでもよい

My Keyword

自分で発見した秘訣をメモしておこう

↑スロージギングの用のメタルジグは、短めで扁平で木の葉のような形をしている。これと対をなすのがロングジグ。写真上から2、3本目がそれ

釣　法

ハードルアー

60mくらいまでの水深でSLJやスロージギングを

砂地のヒント

レンコダイ、ホウボウ、イトヨリダイなどはアマダイと生息環境が似ているので、これらの魚が掛かったら船が砂地の上を流れているとみてよい。逆にカサゴやキジハタが掛かったときは瀬（根）を流れている証なので根掛かりしやすく、本命ねらいを一時封印しておく。同じハタ類でもアオハタは砂地を好むので、アマダイもいる可能性はある。

↑梅雨にヒットしたアマダイ。産卵期に入りかけの個体だと思われた

フックセッティング

オフショアジギングで多いのは前方にアシストフックを2本垂らしたセッティングだが、最新釣法のSLJ（スーパーライトジギング）では前後に2本ずつの4本使用が主流。アマダイは砂地の魚なので根掛かりの観点ではどちらのフックセッティングでもよい。だが、そこで気にしておきたいのはジグの動きだ。魚がジグにアタックするのはフォールが多く、フックをセットすることが抵抗体となり、フォールスピードや姿勢が変わる。きっとアマダイに効くフックセッティングもあるに違いない。

↑アマダイで使われるジグの重さは軽いもので30～60gだが、状況次第ではさらに軽いジグも候補。後方に回転板をセットしてもいい誘いになる

ねらって釣れるか、が鍵

アマダイが釣れてうれしい魚だというのは間違いないが、ジャンルとして確立するにはねらって釣れるかが焦点になる。

平成後期から令和時代に入ったルアー分野の流れとしては、より多くの魚種がルアーターゲットに名を連ねるようになってきている。この傾向はますます拡大することはあっても逆戻りはなく、アマダイに関しても専門の攻略法までカウントダウンが始まっていると思われる。

むしろ、今後に備えて禁漁期間やレギュレーションを設けるなど、資源保護の整備をあらかじめ進めておくほうが賢明ではないだろうか。

というのは、アマダイは根掛かりの少ない砂地が釣り場ゆえ、より確度の高い釣法は、美味として名高いこの魚の行く末を危うくしかねないと懸念されるからである。

そもそも話

　令和になって俄然注目度が高まっているのがSLJというニュージャンル。大型の肉食魚から高級魚まで、いろいろな魚が釣れると評判である。そもそも、なぜSLJと呼ばれているのだろうか。その理由はオフショアジギングの変遷にあった。元来、ヒラマサやブリやカンパチをねらうメインメソッドとしてオフショアジギングがあった。少し時代が進むとヒラマサやブリやカンパチの若魚を近海でねらうカジュアルなジギングが広まり、これをライトジギングと称した。そして、今度は対象魚が青ものにとどまらず、イサキ、ハタ、マダイなどに多岐にわたるようになった。ファイトに難航する相手でもないところもあってスーパーライトの名が冠された。

⬆巻くだけでも釣れるし、ジャーク&フォールでも釣れる。アマダイ釣りも多くの人から支持されそうだ

⬇60g前後のメタルジグにヒットしたアマダイ。水深は50～60m。タイラバ同様にライン角度や着底回数、巻き上げる層を変化させるとよい

⬆春のノッコミマダイをねらったタイラバにヒットしたナイスサイズ

⬆真夏の40～50mの海域でキャッチされたアマダイ。メタルジグに反応した

⬆レンコダイは船が砂地を流れていることを示す

➡スロージギングで釣れた大型のアマダイ。水深は60～70m。ヒットしたのは下層だが、底層ではなかった。アマダイ＝底は間違いではないが、それだけでもない。様子をみるときは少し高い層まで探りを入れるのがよい

　禁漁期間やレギュレーションがなくても、釣り人は率先して不必要な個体や小型はリリースできるし、積極的にリリースするほうが未来のためになるのは間違いない。

　沖の海底で釣った魚を急いで巻き上げると浮き袋が膨らみ、なかには海に返したくても返せない場合もある。

　アマダイは最大でも60㎝超ほどなので、ファイトに手こずる相手でもない。しかも海底は根擦れでラインが切られる心配もない砂地である。

　砂地で掛かった魚は、アマダイか他魚かにかかわらず、なるべくゆっくり巻き上げるいたわりと余裕が持てれば、それは自然との共生の体現者といってよいだろう。

　遊漁船によっては、浮き袋が口から出ていても魚を下層まで届けたところで離せるリリーサーを備えていたり、自作しているところがある。

キンメダイ

P32～35 写真提供：ゼスタ

こんな魚

分布：全国／産卵期：夏／ベストシーズン：春と初夏／食性：小魚、甲殻類／釣法：主にメタルジグ／釣り場：沖（中深海）

キンメダイはこんな釣り

ジグの投下順だけではなく、ジグ重量やライン号数など、乗船する船長によって指示が細かくなるのは中深海ならでは。ジグへの反応は、周りにキンメダイを捕食しようとする魚がいるかどうかでガラッと変わる。全国的に生息しているが、伊豆・下田沖の深海が有名。キンメダイのほかナンヨウキンメもよく掛かる。

釣法

ジギング

1投、1流しの意味合いが増す中深海ジギング

3大要素

- ●フォールはフリーと差し込みの2種類
- ●リーダーは長くても2ヒロまで
- ●定速巻きなら電動、感度なら手巻き

深海で釣りの核心が浮き彫りになる

キンメダイをねらう中深海ジギングでは、1日にできるのは7流しほどだという。

沿岸の釣りや100m程度のジギングでは、1日で何回ルアーを降ろすかなんて考えもしないだろう。しかし、手返しに時間がかかる中深海では、仕掛けの上げ下ろしはとても気を遣う作業である。

当然、釣果に占める1回1回の投下の重要度は、ほかの釣りとは比べものにならないくらい大きい。

したがって、よしこれから釣り始めるというときに、今日はまずこのジグからと選んだモノに対して相応の根拠や戦略を求めたくなるものだし、持っていたほうがいい。

7流しの1投＝1／7だが、次の1投は単に1／7ではなく、前の1投が反映されたものにしないともったいない。

要は、釣れなくても意味のある1投にしなければならない。1投の軽視は攻略の遠回りにしかならないのだ。

実は、これはどの釣りにもいえることで、制約が出る深海が釣りの核心を浮き彫りにしているといえる。

ジグの強みは良型が掛かりやすいところにある。特にフォールでどう食わせるかが重要だ。

⬅電動リールでナンヨウキンメをキャッチした釣り人。電動のゆるぎない機械巻きはさすがにバレにくい。一方で、手巻きリールのよさは巻くときに海やジグの様子が感じ取れるところにある

⬆キンメにせよナンヨウキンメせよ、そそり立つ岩盤に寄り添うようにいることが多い

⬅夜光だけに頼るのではなく、シルバー系のゼブラもよく使う

ルアーセレクト

スロージギングモデルを基本に、重量は水深に応じて 250 ～ 800g。出番が多いのは 500 ～ 600g。深海はエサが少なく、エサに巡り合うこと自体が貴重なフィールド。したがって動くものや夜光にかなり敏感だ。ただし、そこで自分が派手に動くと自らほかの魚のエサになりかねない。ジグ選びはどの程度アピールするかを考え、よく動くものや夜光面の大小を建設的に使っていく。そして、いる層が絞れたら攻めのアピールで誘う。

基本タックル&基本釣法

ロッド：深海ジギング用ベイトロッド５～6ft 半ば
リール：PE1.5 ～２号が 1000 m巻けるベイトリール（含電動リール）
ライン：PE1.5 ～２号
リーダー：フロロカーボン７～８号

◉ロッドは何グラムのジグを背負えるかで選ぶところもあるが、それに並んで大切なのは、中深海で水圧のかかったジグをウネる海面からしっかり動かせる長さの考慮である。中深海でジグをキビキビ動かすことは魚の食いに直結する。リグイメージを持つのも大事だ。キンメダイの泳層の上端もしくは下端を攻めたい。フォールはラインを張らないフリーのほか、張りを保って落とす差し込みのフォールを必ず試す。

⬆フックは前後に２本ずつがオーソドックスなセッティング

⬆夜光が強すぎるとユメカサゴなどの外道が掛かりやすい。その塩梅を考えるのがこの釣りの奥行きだ

ステップアップ

次の１投までが遠いため、ひとつひとつの作業を確実にしてオマツリを防ぎ、同船者と連携して小型ではなく大型を掛けるのが理想だ。キンメダイがいる層を船長がアナウンスしたら、そのタナにジグを持っていくが、誤差が出ないようにするにはリーダーを長く取りすぎないほうがイメージしやすい。

➡深いところで仕掛け全体のなじみをよくさせるために、リーダーは長めが適しているように思われるが、深海はその逆で２ヒロよりも長くせず、それ以下にする場合も多い。長いと釣っている層のイメージが現実と異なりやすい。ちなみにこのリーダーの太さとメインラインの PE の太さは磯から根魚をねらう際の太さに近い

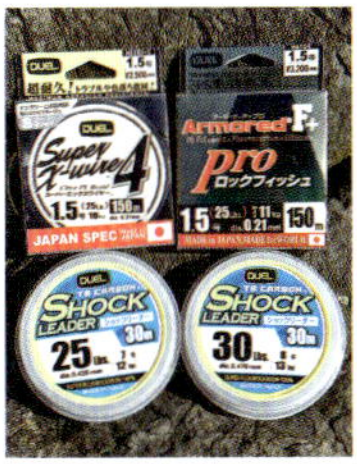

My Keyword

自分で発見した秘訣をメモしておこう

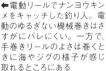

中深海、深海のルアーゲームについて

奥津剛（ゼスタディベロッパー）

中深海と深海に明確な定義はないが、感覚として水深300m程度までを中深海と称し、500mから先は深海になる。

そんな認識で船長や釣り人と話しても会話に食い違いを感じたことがないので、アングラー全般の解釈は、そのあたりで共通しているといえるだろう。

深海といえば、最近ではアブラボウズをねらって800mあたりを釣る機会が増えている。

中深海にせよ深海にせよ、深場をルアーで釣るにはジグ以外にないが、中深海では400g、使っても500gまでだ。

深海だと1200gまで使ったことがあり、800gがマックスだった小社の最重量を1000gにしようとテストしているところである。

そんな世界に集中していると100mが浅く感じられ、200gのジグが軽く感じられるから不思議である。

釣り人の一般的な感覚からは、中深海も深海も想像を絶する世界で、なおかつ完全にバーチカルな釣りなのに、意外にもアジングのロジックが通用したりするから面白い。

そこは後述するとして、まず釣るときの流れを紹介したい。

船がポイントに着くとルアーを順番に投下していく。我先にと各々が自由に投下しない。

深さが深さゆえ、早い者勝ち的な投下はオマツリの原因だ。

船はスパンカーなどで立てて流すが、釣り人は片舷からしか釣らない。釣る人数は船の大きさ次第だが、よくあるのは5～6名。船を立てるのも、片舷だけに立つのもオマツリを避けるためだ。

中深海も深海も、またどんなターゲットを釣るときも、ジグが着底してから釣りが始まる。ジグが着底するまではおよそ5分弱。船によってはライン号数とジグ重量を乗船者全員で合わせる。これもオマツリ防止の一環だ。

着底後、ねらう魚の傾向やその日の状況に応じて魚のレンジを探り、ロッドワークでジグを動かして食わせていく。

浅ければリーリングによるアクションも選択肢になるが、中深海、深海ではロッドワークのあとにリーリングする。

そこで魚が掛かれば巻き上げて回収する。ちなみに回収のほうが時間はかかる。

電動リールだと楽だし、使う人も多いが、手巻き派も多い。電動リールオンリーの世界でもないのだ。

回収したら、その人もその流しはそこで終了。次に投下するのは船を流し直すときだ。

掛かったのが小型だとわかった場合、それをエサとしてわざと回収せずにその場で泳がせたくなるものだが、これをやるとオマツリになるかサメの餌食になるのでやめたほうがよい。

いうまでもなく、ジグの場合は枝スを出さない1本勝負。枝スを出してジグを使おうとするとジグは動かないし、オマツリしやすくなるだけなのでこれもやめたほうが身のためである。

さて、アジングのロジックに通じる場面だが、それは撃つレンジを決め、しっかりと波動を出す強い釣りである。こうするといいサイズを拾いやすくなる。

同じキンメダイでもこれは
ナンヨウキンメ

クロムツ
（ムツも含む）

こんな魚

分布：全国／産卵期：春／ベストシーズン：春と初夏／食性：雑食性が高い／釣法：岸はハードとソフトの双方で成立、沖は主にメタルジグ／釣り場：岸（主に堤防）、沖（中深海）

クロムツはこんな釣り

岸と沖の釣りに大変なギャップがある魚で、岸ではメバルやアジのハイシーズンと重なっており、冬がいい。釣れるサイズもメバルやアジと同程度。なかにはメバルやアジの邪魔をすると嫌って捨てる人もいるが、美味な高級魚である。沖釣りでは本命となって人気が高い。沖では40～60㎝が釣れる。

釣　法

ショアゲーム

メバルやアジの外道だが、実は高級魚

3大要素

◉外灯のある漁港の出入り口を撃て
◉クロムツはアジとレンジを分ける
◉プラグは明暗の際、ワームはジグ単で

岸から釣れるのは幼魚でも味はビッグ

専門にねらう人はまだ多くないが、持ち帰って食べてみるとまた釣りたくなる、もしくはもっとキープしておけばよかったと考えを新たにする。岸からのクロムツ（ムツを含む）はそんなターゲットだ。

試しに持ち帰った人や、中深海や深海の釣りを知っている人からすれば、クロムツはマイナーな存在などではなく、れっきとしたメジャーなルアーターゲットである。

メバルやアジも美味しいが、この魚も負けてはいない。

また、偶発的なヒットではなく、パターンを見出して連続して掛けていける再現性があるゲーム性の高さも見逃せない。

メバルやアジを釣っているときによく釣れるため、多くはフォールやゆっくりとした巻きで釣れているが、泳層を見抜けばただ巻きでもヒットする。ただ巻きなら小型バイブレーションやスピンテールも有効なので、より手軽に釣れる。

習性として、夜を迎えて時間が経つと泳層が拡大しやすいが、明るさが残る時間帯は泳層が狭い傾向にある。そして、クロムツの上下にはアジの層が隣接する場合が多い。これは、クロムツを釣りながらアジ探しにも応用できる。

ルアーセレクト

日没や日の出前後の光量が少し残る時間帯は、中下層に入れる釣りを中心にするほうが効率がよいため、ワームを使う。さらに、泳層が特定できたらそこまでスムーズに沈められる重さのジグヘッドにし、シャッドテールやカーリーテール、あるいはロッドアクションで強くアピールする。外灯が灯って時間が経てば、エサの上ずりに伴って上層に浮きやすくなるため、ペンシルベイトやミノーなどのプラグにもヒットする。

➡釣り場に入っているエサとルアーの大きさを合わせるとよりよい

⬆ワームでも同じ色、同じタイプを使い続けるとアタリが遠のくため、こまめに替えると数を伸ばせる

⬆メタルジグにもよくヒットする。クロムツの口を考えるとメタルボディーでトレブルフックのジグはうってつけ。レンジとスピードが合えば即投入したい

基本タックル&基本釣法

ロッド：メバル・アジ用ライトゲームロッド5～7ft
リール：PE0.3号が150m巻けるリール
ライン：PE0.3号もしくはエステル0.3号
リーダー：フロロカーボン1～1.2号

◉現在はほぼ夜の釣りと考えてよく、日中に釣る動きは見られていない。それもあって釣り場は漁港の外灯周りに絞ってよい。大型は中深海に落ちることから考えても、暗いゾーンや光量が少ない時間帯のほうが活動的だ。近距離勝負になるのでリグはジグヘッド+ワームに絞ってよい。釣り始めは泳層を見つけることに専念するが、アジの上下どちらかに位置取っていることが多く、見つけたらその層を直撃していく。

⬆メバル・アジ用のライトタックルで成立する

⬆日没前に釣れた1尾。このサイズでも充分に高級魚ぶりを発揮する美味さがある

ステップアップ

親同様に獰猛な顔に牙のある大きな口をしているので、アタリがあったらハリ掛かりしやすい。むしろルアーを飲まれすぎてラインが牙に当たるとイト切れしやすいので、ルアー操作はラインの張りを保っておくほが無難だ。アジのようにフワッと落とすとルアーが口の奥まで吸い込まれやすいので注意。

⬅地獄の門番のようなイカツイ顔つき。これでも幼魚。トップウォータープラグのペンシルベイトを丸呑みしている

My Keyword

自分で発見した秘訣をメモしておこう

釣法

オフショアゲーム

キンメダイ同様、中深海、深海の超人気魚種

⬆見た目は脂でギトギトしていそうだが、そのイメージは一口で打ち消されてしまう

⬅クロムツは歯が立っているため、ジグにも多くの歯形が残されてしまう。目に余るものは沈下の抵抗となるため、補修したほうが無難だ

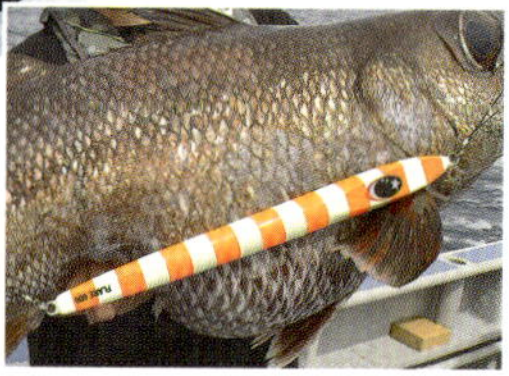

➡クロムツ釣りでも夜光の縞模様のメタルジグは定番だ。しかし、あまり目立ちすぎるとユメカサゴやサメに食われやすいため、目立つ加減は思案のしどころとなっている

⬆クロムツは岩礁帯のなだらかな傾斜地（カケアガリ）やヨブ（窪み）にいることが多い。ただし、最近の研究で第３のムツが発見され、それはクロムツやムツとよく似ており、岩礁帯以外にもいる可能性が高まっている

釣力UPのヒケツ

ロッドワーク

キンメダイを釣るときはさまざまなロッドワークが駆使され、キビキビ動かすだけでなく、細かい動きやゆっくりとした動きも有効である。しかし、クロムツはジグを素早く飛ばして素早く落とす動きがハマりやすい。要は「キンメダイよりも強い釣り」を心がけるとよい。それをするにはタックルバランスも関係する。クロムツとキンメダイは同じタックルでできるが、自分のイメージどおりにジグを動かせるロッドを探すことも大切である。

基本メソッド～その１～

縄立ち

クロムツもキンメダイもジグが着底して釣り始めるときは、いったんイトを20ｍほど巻き上げてからもう一度着底させ、そこから釣り始める。これを縄立ちといい、余分なイトを巻き取ることでジグの動きをよくし、アタリもボヤケないようにできる。釣っている層のイメージにかかわるばかりか、オマツリの防止になるので必ずするようにしたい。

第３のムツが発見された

漁師さんや遊漁船の船長によれば、「同じ深海でもキンメ場とクロムツ場とがある」と言う。クロムツは岩礁帯のカケアガリを好み、キンメダイは起伏が激しく根が荒い岩礁帯を好む。

その一方で、キンメダイを釣っているときにクロムツが掛かることもある。

釣り場となる水深や着底から釣りがスタートするところ、使用するロッド、釣りのベストシーズンなど共通点がいくつかある関係でヒットするようだ。

余談ながら、味のよい高級魚という点でもキンメダイとクロムツは共通する。

遊泳力はクロムツのほうが高く、したがってジグのアクションもキンメダイより強くするほうがよい。

どちらも岩礁帯を好むとされていたが、最近の研究ではクロ

基本タックル&基本釣法

ロッド：深海ジギング用ベイトロッド5〜6ft半ば
リール：PE1.5〜2号が1200m巻けるベイトリール（含電動リール）
ライン：PE1.5〜2号
リーダー：フロロカーボン7〜8号

◉イト巻き量はクロムツのほうを多くする。リーダーに関してはどちらも同じだが、キンメダイが7号を結ぶことが多いのに比べ、クロムツは歯が立っている関係で8号がメインになる。長さはどちらも2ヒロを標準とするが、ジグをさらにキビキビ動かしたほうがいいこと、海底の条件がキンメダイよりもなだらかな点からクロムツねらいでは2ヒロよりも少し短くするケースもある。

⬅タックルは、キンメダイと比べるとイト巻き量と先端のリーダー号数が若干違うくらいでほぼ共通しているが、メタルジグは重いものを使うことが多い

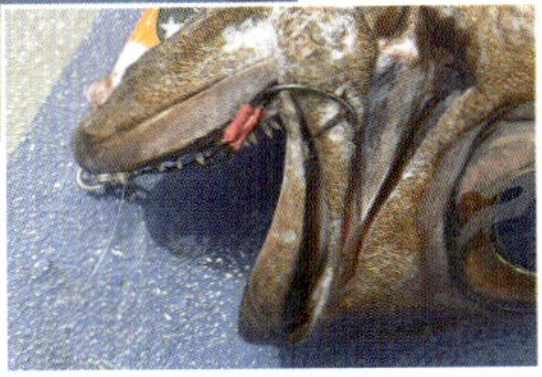

➡歯が立っているのでリーダーはキンメダイよりも太くする

⬆中深海、深海でキャッチされるクロムツは実に立派だ

基本メソッド〜その2〜

クロムツは底ねらいではない

キンメダイの釣り方もクロムツに通じるところが多い。しかし、ねらう層はキンメダイとはっきり違う。クロムツはキンメダイよりも遊泳力があるため、中層まで浮くことが多い。海底から50m以上巻き上げてねらうケースもしばしばある。

エキスパートの視点

イト巻き量（スプール）に注目

釣っている層のイメージは中深海、深海の釣りに大きく関係する。当然、使用するリールがハンドル1回転でどのくらいイトを巻くかも把握しておきたい。そこにさらに細かい視点を持つと、イト巻き量が残りわずかになると1回転のイトの巻き取り量も減ってしまう。つまり巻き取りが短くなる。するとハンドルの回転数でつかんでいた層のイメージに誤差が生じやすくなる。そこで、この釣りに詳しい人はキャパの大きなリールを使い、ハンドル1回転のイト巻き量がほとんど変わらないようにしている。リールを選ぶときは、軽さばかりを追求して使う号数のイトが必要なぶんだけ巻ければいいというわけではない。

ムツとムツに非常によく似た第3のムツがいることがわかり、それを含めると岩礁帯のみならず、砂交じりの岩場、砂地のみ、砂泥底にもいると考えられるようになっている。

その報告は新たな釣り場の示唆につながるため、今後の研究次第では、釣りに変化をもたらす可能性がある。

とはいえ、クロムツもムツもまだ謎に包まれた部分が多い。

小型のムツは周年釣れるが、中深海や深海の愛好者は大型が出やすい春〜初夏を好む。

前述したが、キンメダイの好機と同時期である。

その時期はクロムツにとっても産卵期に当たり、産卵絡みだと1つの場所に溜まりやすくなるため、良型の数釣りが期待できる。

また、傾向としてはクロムツの大型は深海に近い500mラインに多く、中型は中深海でよく釣れる。

イサキ

こんな魚

分布：東北～九州南部／産卵期：夏／ベストシーズン：春と夏／食性：雑食性が高い／釣法：ハードとソフトの双方のルアーで成立／釣り場：岸（磯や沖堤防）、沖

SLJはこんな釣り

沖でも岸でもジギングにイサキがよく反応するのは知られていたが、イサキにフォーカスしたルアーやメソッドは確立していなかった。だが、ここ数年でイサキが好むジグやアレンジが見出され、瞬く間に全国区のジャンルに成長した。タイラバに勝るとも劣らず、多魚種を引き付けるところも魅力。

釣　法

SLJ（スーパーライトジギング）

アイテムの充実により令和で最も注目さる新メソッド

3大要素

◎流れていれば幅広いレンジを探る
◎流れていなければ下層中心に
◎ブレードやフックなど光モノを多用

SLJへの系譜

明確な定義はないが、オフショアのルアーフィッシングでジギングといえば、大型の青ものの釣りを差していた。

その後、小型青ものを釣るようになると、それはライトジギングと呼ばれた。

さらに昨今は青ものだけではなく、イサキや根魚、アマダイなど、幅広い魚種をより軽いジグでねらうスーパーライトジギング（SLJ）が台頭しつつある。

イサキのシーズンは、春の水温上昇期から夏を経て秋に下降し始めるあたりと考えてよい。

水深は主に20～60ｍ。船の流し方はスパンカーなどで立てる方法とドテラ流しの両方がある。

ドテラ流しは基本的に片舷からの釣りだが、SLJでは反対の舷、つまり両舷から行なうのもありだ。

流れされる側の舷から釣るときは優しくシャクリ、流れに向かっていく舷でははっきりと大きく動かすのが基本である。

探る層はたいてい船長が指示してくれるが、イサキは潮が利くと縦長に定位するので幅広く探るほうがよい。

また、ときには速巻きして反射食いを誘うと効果的だ。潮が緩いと下層中心に探るが、そこでも速巻きは試してみる価値がある。

⬆専用のメタルジグはどんどん充実している

⬅重さの違い、シルエットの違い、沈下姿勢の違いがジグの構成要素

ルアーセレクト

考え方が3通りほどある。扁平形状のシルエットでヒラヒラとした視覚アピールをするか、逆にタングステン製の高比重ジグでシルエットを小さくするか、あるいは細長いシルエットでカタクチイワシなどの細長いベイトに寄せていくか。自重は30～100gのうち、45～60gあたりを充実させておけばよい。形状の違いに加えて、水平、前下がり、後下がりなど、沈下姿勢の違いも用意できると幅が広がる。

基本タックル&基本釣法

ロッド：SLJ専用ロッド5～6ft
リール：PE0.8～1号が200m巻けるリール
ライン：PE0.8号
リーダー：フロロカーボン4～5号

◉スピニングかベイトかは、どちらも充実しており好みで決めてよい。軽めのジグを多用するので、ジグの沈下着底の点ではスピニングが一歩リードし、50～60mの水深や100g程度のジグを操作する点ではベイトが楽になる。着底から釣りがスタートし、軽めのジャーク&フォールで少しずつ巻き上げ、下層から上層へ探りを入れていく。ジャークのときにヒットすれば、高活性のサインだ。

➡専用タックルでやると感度や引きの楽しさを満喫できる

ステップアップ

イサキはキラキラしたものが大好き。ジグのキラキラはもちろんのこと、使用するハリも平打ちタイプにしておけば、ハリにバイトするケースも多くなる。SLJでは前後に2本ずつハリをセットするが、大きさや金バリや銀バリといった色を変えて装着するだけでも釣りに変化をつけられる。

⬅ドテラ流しで片舷から釣っている様子。SLJでは反対の舷から探るのもあり

My Keyword

自分で発見した秘訣をメモしておこう

釣　法

ロックショアゲーム

ハードルアー

タックル

岸からだとタックルは２組あると万全だ。20～40gのメタルジグやプラグを投げるならヒラスズキタックルで代用可能。ロッドは10～11ft、ラインはPE1.5～２号、リールはラインを200ｍ巻ける大きさ、リーダーはフロロ６号前後。もう１組は、60～100gまでを投げられる10ft前後のショアジギングロッドで、PE2～３号、リールはラインが200～300ｍ巻ける大きさ、リーダーはフロロ８～10号。ショアジギングタックルのほうが重いため、ヒラスズキタックルを中心にしつつ、時折遠くや広範囲をチェックするのにショアジギタックルを使うと効率がよい。

➡終日振り続けられるヒラスズキタックルは、磯からのイサキ釣りに最適

釣れる条件

ロックショア（沖磯や地磯）で釣るときも、好条件になる要素は沖と変わらない。沖のSLJでイサキが連続ヒットするのは、しっかりとしたベイト反応、はっきりとした潮流があるときだ。岸ではさらに、サラシなどの警戒心が薄れる要素が加われば浅いところにも寄りやすくなる。サラシは、その一画が浅くなっていることの証である。風を伴い、エサになる小魚が打ち寄せられているケースも多い。

⬆磯からイサキをねらうなら夏と秋がよい

基本メソッド

まずは広く釣り場を見渡して流れが利いているところを探す。イサキシーズンの夏及びその前後は雨も多く、雨のあとは２枚潮になりやすい。そのため海面の流れを見ただけで判断するのではなく、気になるところは早い段階でルアーを投入してチェックするようにしたい。さらに、流れに加えて沖の沈み瀬や海底の起伏など、地形の変化が絡むところを探し、その周辺を重点的に探る。また、ベイトがどこから流れてきて、どこに溜まりやすいかという見立ても必要だ。メタルジグにせよ、バイブレーションにせよ、はじめは底層から釣り始める。根掛かりが気になるのであれば着底を控えてよいが、そのときはカウントダウンし、カウント数の違いで釣り始める層を変えていく。遠投は魚をキャッチするための重要な要素だが、磯は沖以上に干満と地形の兼ね合いがあることを意識しておきたい。要は、釣り場に立って始めたときと地形の条件が変わるため、数時間ごとに高い場所から広く見渡すようにしたい。

⬆50g前後のメタルジグにヒットしたイサキ

ブレードチューン

重いジグは飛距離を稼げるが、同時に沈みが速く、食いが渋いときは総じて状況にマッチしにくい。やはりゆっくり見せるのが基本である。しかし、ポイントが遠ければ重いジグで届けるしかない。こうしたジレンマを解決してくれるのがブレードの装着だ。これを付けると若干飛距離の低下を招くものの、海中での沈下スピードを遅くできるほか、沈下時にブレードの回転によってアピールにもなってくれる。

➡メタルジグにもブレードは大変有効だ。特にイサキ釣りではマストアイテム

メタルジグ

メタルジグはさまざまな形状が市販されており、長短を交えて持参するのがよい。飛距離を出しやすいのは細長い形状で、後方に重心があるタイプである。もちろん、ほかの重心のジグも備えておき、どんな動きに反応するか違いを探る。ハリは前方にシングルフックをセットするのが基本で、この組み合わせで底層から上層まで反応をうかがうが、イサキがエサにつられて上層から表層に浮いているときは後方にトレブルフックを付けるのも効く。

⬆メタルジグで青ものをねらっているとよくイサキがヒットする。こうしたきっかけがあってイサキがルアーターゲットになっていった

バイブレーション系のルアー

巻くだけでバイトを誘うとても使い勝手のよいプラグだ。飛距離も稼げ、底層から上層まで巻き取り方によってさまざまな層を引くことができる。さらに、全速力で巻いている途中で止めると動きにかなりのギャップが生まれ、反射的に襲ってくるほか、遠くの魚にもアピールできる。速く巻いてもゆっくり巻いてもバランスを保ってブルブルと震えてアクションする。大小のほか、金属製のメタルバイブレーションなど、さまざまに揃っているため磯のイサキをねらうときのマストルアーである。ブレードが標準装備されたスピンテールジグ（ブレードベイトともいう）もバイブレーションと同じ使い方でイサキが釣れる。

⬅バイブレーション（上段の２個）とメタルバイブレーション（中段の２個）とスピンテールジグ（下の１個）

➡バイブレーションにヒットしたイサキ。ハリがしっかり口中をとらえている

釣法

ライトショアゲーム

アジ・メバルタックルとルアーをそのまま使用

ゲーム展開

イサキ釣りにおいても泳層の特定が重要かつ第一歩だ。もっとも、イサキは縦長に分布するので、どこかで反応は得やすいのだが、大きな個体ほど上層に位置していることが多い。1尾ヒットしたら、必ずその上層に探りを入れて、より大きな個体がいないかどうかチェックするとよい。メバルも上層から順に大きな個体が位置取りしているが、釣り場の水深がイサキとメバルでは大きく異なる場合が多いため、イサキはまずメタルジグで底層から上層へと反応を拾っていくほうが効率的である。イサキがいる層がわかったら、ワームに切り替えて数の追加を図ればよい。

⬆夜明けにヒットしたイサキ

スモールフィッシングの強み

小さく見せて大きく釣る。これがライトタックルのよいところだ。ライトゲームでは特にワームの強みを活かしやすく、同じところで同じ攻め方を繰り返し、いい意味でワンパターンで数を重ねていける。食性に訴えるアプローチであるため、スレにくい点もメリットといえる。それでいてスリリングな攻防も面白さに貢献している。

⬆秋の彼岸の頃に釣れたイサキ。秋は落ちイサキと呼ばれる

夏磯の楽しみ方

イサキの旬が夏から秋なら、キジハタやアカハタといったロックフィッシュもまた夏から秋が好機だ。しかも両者はどちらも磯が舞台。イサキだけ、あるいはハタだけをねらうのはもったいない。ロックフィッシュタックルならイサキ用のルアーもそれなりに扱えるため、ハタもイサキも並行してねらうのがよい。ライトゲームタックルも持参しておけば守備範囲が広がり、磯の可能性を自在に引き出しやすくなる。

➡イサキと、キジハタなどのハタ系のロックフィッシュは夏を代表するルアーターゲットだ

ライトゲームルアー

アジやメバル釣りに使うワームとワームを扱うための各リグ、そして小型メタルジグやバイブレーション、シンキングペンシルなどのルアーは、そっくりそのままイサキ釣りに使える。磯での使用を想定すれば、ジグ単のジグヘッドは 2 ～ 3g、各リグに合わせるジグヘッドも 0.8 ～ 1g という具合にアジ、メバルよりもワンランク重いものが標準となる。

⬆ルアーやリグもアジ、メバル用でよい

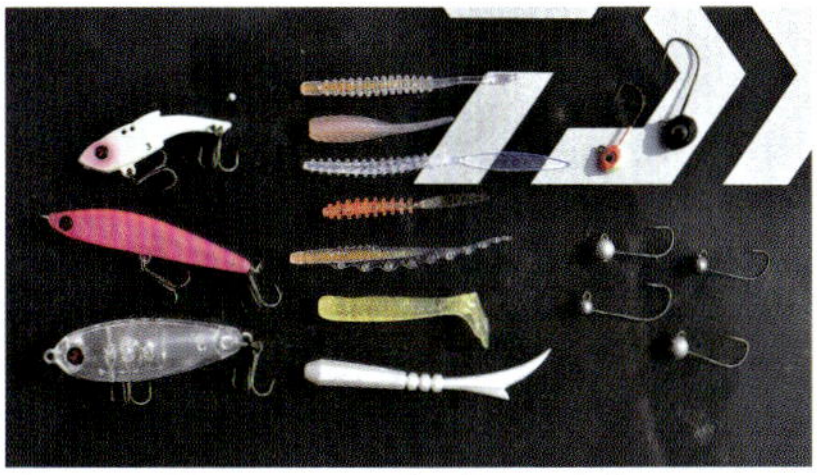

⬆イサキに使えるワーム、プラグなども充実している

ワインド……ジグヘッドとワームの組み合わせの1スタイルを差していう。ロッドを縦向きにジャークさせたあと、イトフケを意図的に出すことでルアーが左右どちらかの方向に横っ飛びし、これを繰り返すことでジグザグのアクションになる。スライドやダーティングとも言い換えられ、魚の捕食スイッチを入れやすいといわれる。さまざまな魚に効くが、タチウオには威力抜群だ。

タックル

足場の高さと遠投力を考慮してライトゲームロッドでも 8ft 以上あるのが望ましい。ワームのリグは、ジグ単、スプリットショット、フロート、キャロライナのすべてを使用してよいが、ジグ単を使うときもショートロッドではないほうがよい。また、アジやメバルにはあまり使わないワインドも有望で、3.5 ～ 4.5g のダートタイプのジグヘッドにボリュームのあるワームをセットするとジグザグ軌道の強い波動を出してくれる。リール、ライン号数、リーダーもアジ、メバル用がそのまま流用可能だ。各種プラグを使うときも同じタックルでよい。

⬆アジ、メバルのライトタックルがイサキに使える

イサキと細仕掛け

イサキの引きはキビキビと力強く、楽しい。それでいてサオでタメておけば次第に寄ってくるから、掛かれば割と安定してキャッチできる。イトが切られて逃げられたというのはなかなかない。イサキが細イトでも勝負できるのは、このような特徴があるためだ。

なおかつ、小魚やプランクトンなど、食性がアジやメバルと重なるところもあり、こうした点がライトゲームタックルとルアーの流用を可能にしている。

流れを好む魚ゆえ、その流れを利用してリグを送り込んでいけば素直な反応も得やすい。

ライトゲームとそのリグは、数あるルアー釣りの中では珍しく、流れに乗せて送り込むのが王道アプローチだ。

ただし、取り込みはイトが細いのでタモを使ったほうが安心といえる。

スジアラ

こんな魚

分布：太平洋岸の高知県〜沖縄／産卵期：夏／ベストシーズン：夏／食性：小魚、甲殻類／釣法：ハードとソフトの双方のルアーで成立／釣り場：岸（主に磯）、沖

スジアラはこんな釣り

沖縄でミーバイ、アカジン、鹿児島県ではアカジョウ、アカセビと呼ばれ、祝宴に欠かすことのできない美味魚は、超パワフルな最強の難敵。掛けたあとの猛烈な突進に釣り人がどう手を打っていくか。その攻防が醍醐味で、やすやすと手にできないところが人気の秘密にもなっている。

釣法

ソフトルアー

最凶とも形容され、ハタ類のルアー釣りの頂点と目される

3大要素

- ベイトの動き出しにスイッチが入る
- ロックフィッシュだが着底は不要
- 覚悟のパワーファイト

まさにボスキャラのパワーと風格

スジアラは夜にもエサを食っていると思われるが、釣るのは夜明けから日没までのデイゲームがほとんど。

これは、エサとなる小魚が活発に動き始めるのが夜明けからということと関係している。

温かい海を好むこの魚は、小魚の中でもキビナゴが大好きで、キビナゴについて移動するといわれている。

その点ではオオモンハタと重なるが、スジアラは岩礁帯、しかも比較的浅いところをエサ場にしている。

そこがキャッチの難しさに直結している。いったん根に突っ込まれたらかなり厄介で、スジアラは根の隙間でエラを広げて奥へ奥へと入っていく。

なかにはその最中に死に、まさに死んでも逃げようとする個体もいる。逆をいえば、釣り場は絞りやすい。

釣り始めを夜明けと仮定すると、最初は釣り場を広く見渡して小魚の居場所を探しつつ、広角にキャストして様子をみる。このときは1回1回底を取らなくてもよい。

着底からスタートするのは、完全に日が昇って明るくなってからだが、底が見えるほどの浅い釣り場だと泳層を保って水平に引いてくる探りでよい。

ルアーセレクト

ソフトルアーの選び方は、シャッドテールワームと呼ばれるタイプを中心にすればよい。つまり、波動が強く出るタイプで攻めの釣りを展開する。ストレートテールやカーリーテールも備えておくに越したことはないが、シャッドテールが通用しないときの打開策として使う位置づけでよい。シャッドテールはサイズ違い、カラー違い、形状違いなど充実させておきたい。

⬅ワームの大きさはなるべくエサとなる小魚の大きさに合わせる

⬆この釣りはジグヘッドリグによるワーム使いの一択といっても過言ではないが、ジグヘッドの軸は魚のパワーに負けない頑丈なものが条件だ

基本タックル&基本釣法

ロッド：最強クラスのロックフィッシュロッド 7～9ft
リール：PE3 号が 200 ～ 300 m巻けるリール
ライン：PE2.5 号
リーダー：フロロカーボン 8 ～ 10 号

◉ロッドの長さはボートから釣るときは取り回しやすい7ft クラス、ショアから釣るときは 9ft クラスが足場の高さや飛距離面でも適している。どちらにも共通するのは、掛かったらいかに先手を取れるかが課題であるところだ。後手に回ると形勢を逆転するのが難しい。そのために、アプローチは巻き中心とし、ほかのハタ釣りで多用するロッド操作によるリフト&フォールはなるべく封印しておく。

➡ロックフィッシュ専用ロッドはスピニングとベイトの両方が市販されているが、現在のところショアはスピニング向きの相手といわれており、オフショアは代用タックルを含めてベイトの選択肢も多い

ステップアップ

シャッドテールワームだけでも波動はよく出るが、スジアラねらいではさらにブレードを追加して、回転による波動とフラッシング効果でアピールする。獰猛な相手を挑発するくらいのイメージでよい。また、ジグヘッドはシングルフックなので、トレブルフックのセットが明暗を分ける場合もある。

⬆ジグヘッドにはこうして下側にブレードやフックをセットできる設計になっているものが望ましい

My Keyword

自分で発見した秘訣をメモしておこう

釣　法

ボートゲーム

釣り場条件はオカッパリとほぼ同じ

⬆ボートでキャッチされたスジアラ。これはワームのキャスティングによるアプローチ

➡スジアラは最後の最後まで抵抗をやめない獰猛なファイター。水面に浮かせたあと、口に掛かったジグヘッドを弾き飛ばし、逃げていった

⬆深いところから浮かせたので、水圧変化で目が出てとぼけた表情になっているが、普段のスジアラは凶暴で精悍な顔つきをしている

ジギングではベイトタックル向き

ジギングで釣る場合は着底させてからの釣り開始となる。探る層も底~下層が中心。つまり、釣り人にとっては不利な危険地帯でのやり取りが想定される。そのため、タックルは巻く力の強いベイトタックル向きだといえる。ベイトリールのよさは、1つにはラインの出し入れの容易さで、そこもスジアラをねらうのに合っている。

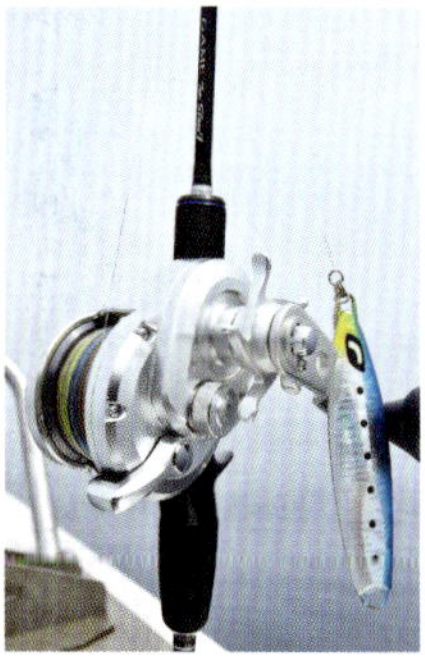

➡スロージギングタックルは、種類も豊富でスジアラねらいにも適している。粘りがあるロッドが合っている

⬆オフショアで釣れたスジアラ。水深は 70 ～ 80 m

深いところはメタルジグも

深い釣り場でのスジアラ釣りは、まだこれから開拓の余地が残されている分野。夏以外の季節が釣りになる可能性が高い。深い場所でスジアラを釣るにはメタルジグがメインルアーになる。スロージギング用など、すでに充実したルアー群の中から選ぶことができ、フックも同様に大ものを想定した頑丈なハリをさまざまなタイプの中から選べる。

⬅深い場所の底付近でかなり強い引きに見舞われた釣り人。底から引きはがすように魚を浮かせるにはベイトタックルが向いている

エキスパートの視点

ボート釣りでの巻きスピード

ボートからのスジアラ釣りは浅瀬を流すことがほとんど。そのため船はスモールボートが中心になる。スモールボートでは、左右の舷はあまり気にせず、いろいろな方向へキャストして反応を見ることが多い。ボートの進行方向にルアーを投げた場合は、イトがたるみやすいので、速めに巻くことを心がける。逆に反対の方向はイトが張り、ルアーが引っ張られるのでゆっくり巻くか、場合によってはルアーを巻かずに、船体の流れに任せてルアーを引くくらいでよい。

⬆スジアラの大好物キビナゴ。ボートから釣っていても、これが群れているところはスジアラの食い気にもスイッチが入っている場合が多く、絶好のチャンス。キビナゴのほか、カタクチイワシやトウゴロウイワシなどもベイトフィッシュになる

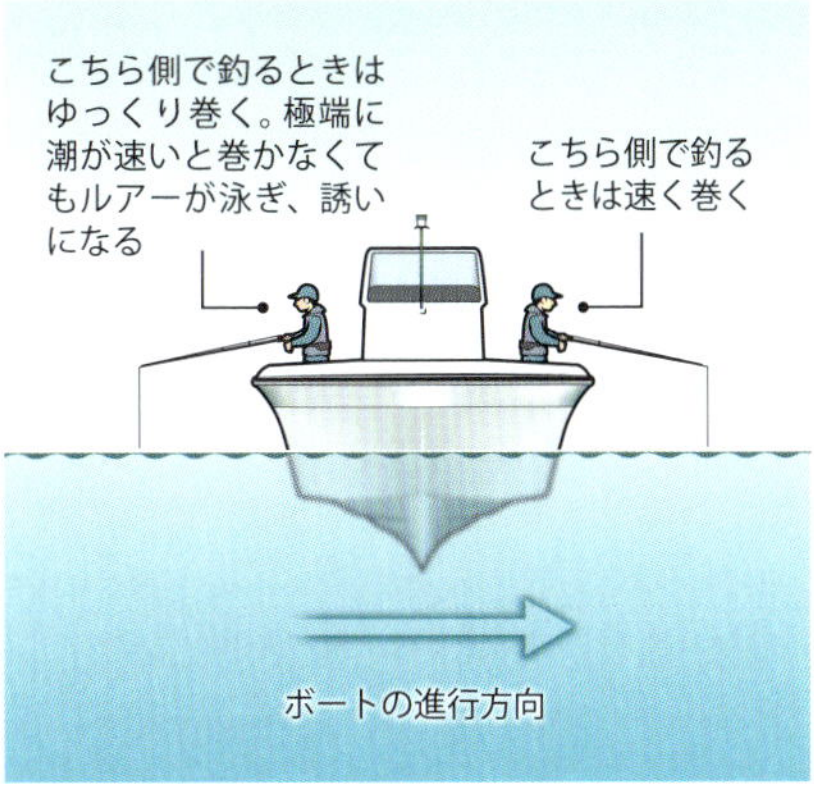
こちら側で釣るときはゆっくり巻く。極端に潮が速いと巻かなくてもルアーが泳ぎ、誘いになる
こちら側で釣るときは速く巻く
ボートの進行方向

ボートでも巻きの釣りはワームが主体

ボートからルアーをキャストして釣るときもワームの出番が多く、ジグヘッド+ワームによる巻きの釣りが主体になる。浅場を釣ることが多く、根掛かりなどでルアーを失うことが多いため、というのが理由だ。もちろん、今後の発展次第では、ハリ掛かりする確率の高さやフックの選択肢の幅の広さからプラグの選択肢もある。

⬆ボートでも、誘いでもコスト面でもジグヘッド+ワームの使い勝手がよい

ボートだから簡単になるわけではない

目下のところ、スジアラのボート釣りはオカッパリでは撃てないポイントをボートの機動力を駆使して探るスタイルゆえ、浅場の荒い根が主戦場となる。ただしボートに乗れば簡単に釣れるというわけでもない。難しさはオカッパリとなんら変わらず、むしろ足場（船体）が潮や風で流されて絶えず変化することを考慮した釣りを行なう必要がある。もちろん船をどう流すかは船長の仕事だが、それにどう釣りを合わせていくかが釣り人の手腕だ。

⬆ボートのスジアラ釣りは浅くて潮の流れが速い場所を流すことが多い

⬆磯から釣れたスジアラ。これで 4kg アップほど。最大で 7kg あたりまではキャッチできるといわれているが、7kg から先の領域は多くがまだベールに包まれている

釣法

ショアゲーム

青ものを釣るような装備でワームを操作

釣場

磯の周りは浅く、そこから遠くないところに深いスポットが備わっていると、夜明けや上げ下げに絡む潮の動きのタイミングで、スジアラが根城にしている深場の岩礁帯から出て浅場にかけてエサを食うために回ってくる可能性が高い。

⬆水道を形成した激流が走る浅瀬がスジアラねらいに適した磯だ。もちろん海底は岩礁帯

プラグとフックの関係

プラグは 12 ~ 17㎝のペンシルベイトやポッパー、ペンシルポッパーのほか、シーバスやヒラスズキ用のミノー、バイブレーションなども使用が想定されるが、細軸のフックは伸ばされる可能性が高いので、太軸の XH や H のトレブルフックに替えておきたい。そこでさらに注目すべきは、フックの軸を太くすることで動きが悪くなったり、動かない場合はそのルアーは使用に向いていないということになる。軸を太くしても重さの変化を抑えたい場合は太軸のシングルフックを使えばよい。

⬅スジアラねらいに用意されたハードルアー。左側の 3 本のプラグは青ものをねらうときに使われるトップウォータープラグ。右側はミノーやバイブレーション、インチク

ショアゲームは総合力

スジアラはハードルが高い魚だ。大胆でもある。

根に棲むハタ類なのにエサを食うときは水面まで突き上げ、魚体をさらしてでも漁る。

水面で掛けても初動が遅れると海底まで潜られてしまう力の持ち主でもある。

そうした相手に対して、釣り人の心情からすればラインを太くして瀬ズレしても少々持ちこたえてくれるようにしたくなるものだが、太くするとルアーの飛距離が落ちるほか、その動きも犠牲になる。

スジアラの力でラインが岩礁帯にこすれてしまえば、もはや太さは意味を持たない。それに、太いイトで強気に引っ張ればロッドも必然的に強くなり、すると重量が増して1日振り続けるのがしんどくなる。

真夏がハイシーズンだけに、一日中振り続けるのがつらい重

ショアならではの盲点

ボートの場合だと周りに誰かしら人がいる。少なくとも船長はいてくれるので、スジアラが掛かった場合の最後のタモ入れは船長にお願いできる。しかし、磯では単独釣行も可能ゆえ、自分１人のケースもある。スジアラ相手に磯での最後のツメが１人というのは得策ではない。磯の場合、互いに協力し合える人と２名以上で釣行するのが望ましい。

⬆スジアラは茶褐色の斑模様をしている。なかにはもっと赤みが強い個体もいる

⬅ハードルアー、特にトップウォータープラグに適しているのは水温がしっかり上昇した盛夏。それ以外はワームを軸に組み立てる。もっとも、トップウォータープラグのメリットは水面で掛けられるところで、水面からの勝負ならキャッチ率は幾分高くなる

➡磯でもジグヘッド＋ワームがメインルアー。メタルジグも想定されるものの、水深と根掛かりのしやすさの関係から大きなものや重いものは使えず、小さくなりがち。するとほかのハタが先に食ってくるケースが多い

絶えず心の準備を

掛かったら、そのときはこう動く。さらに、魚をこちらに誘導してタモ入れはここで決める。そんなシミュレーションが大事な場面で明暗を分ける。スジアラはそれほど油断のできない相手であるというのを覚えておきたい。よって、釣り始めるときは事前に磯の形状や海中の地形を確認し、取り込む場所も決めておく。そして、釣っている最中は常に自分が有利になれる角度で巻くことが大切だ。その点ではロッドを真下に向けたり、真上に向けたりせず、リールのハンドルから手を離さないほうがよい。

⬆この魚は、釣り人の心をグッとつかんでくる難しさと味のよさを兼ね備えている

さは疲労や集中力に影響する。

それに、強靭なロッドに太いラインにすると、パワーのしわ寄せがすべてフックにかかってしまう。通常のフックではすぐに伸びかねず、耐え得るフックが限られてくる。

また、太いタックルで強引にやり取りすると魚も強く反発する。だからといって、細いラインにして柔よく剛を制するというのが通用する相手ではない。

理想は相手を怒らせず、なおかつルアーも飛び、きちんと動き、掛けたら危険な岩礁帯から魚を浮かせられるという条件を満たしたタックルバランスにしておくことが大切だ。

スジアラを探求する人が試行錯誤したところ、PE2・5号がバランスの取れた太さだという。ロッドの強さはラインを元に硬さと長さを考える。

それらを考えると、スジアラは専用ロッドの使用が理想的である。

ハマフエフキ

こんな魚

分布：関東、北陸以南／産卵期：冬～秋（長期）／ベストシーズン：夏／食性：雑食性が高い／釣法：ハードとソフトの双方のルアーで成立／釣り場：岸（磯、岩礁帯）、沖

ハマフエフキはこんな釣り

温かい海域の浅く広がる岩礁帯がメインステージ。浅い磯場で貝やウニ、ムシ、小魚を盛んに食べる。水深は１～２ｍあれば充分で、北陸にもいるが、九州西岸から南部、伊豆諸島や高知など太平洋岸に多い。俊敏さとパワーを兼ね備えた夏のゲームフィッシュで、掛かると強い力で逃げようとする。

釣法

ショアゲーム

磯の浅場を仕切る剛力をプラグでねじ伏せる

3大要素

- ◉ペンシルやポッパーで視線を上に向かせる
- ◉岩礁帯の隙間を縫うように探る
- ◉掛かったら、走りを止めて浮かせる

とにかくやたらと引く

沖縄や九州南部ではタマン、タマミ、タバメなどと呼ばれる（なぜか頭に「タ」が付く）人気魚種。最大で70㎝を超え、体高もあるため独特の風格を備え、味もよい。

釣り場はヒラスズキと重なっているが、時期は真逆ともいえる夏。もっとも、春にヒラスズキを釣っているとこの魚がよく掛かってくる。

沖磯でも釣れるが、水深と地形が関係するため、磯ならどこでもよいとはならない。手軽な地磯に釣り場を見つけ、何度も通うほうがスキルアップの近道である。

沖縄を除くとボートから専門にねらう動きはないが、夏にスジアラを釣っているときもしばしば釣れるため、ワームによるアプローチも有効だ。慣れるまでは磯でワームを引くのも一手である。

もっとも、ハマフエフキをねらって釣る人は、トップに出るところがたまらないとその魅力を語る。

さらに、タックルを考えると釣り人に有利なように感じるが、このスペックでもいつもキャッチできるわけではない。よって、この魚を安定して取り込めるようになれば、ヒラスズキや青もの、シイラなど、多くの肉食魚とのファイトにとても役立つ。

⬆ハマフエフキのメインルアーはトップウォータープラグ

⬅ヒラスズキ釣りに使うリップレスミノーにヒットした１尾

ルアーセレクト

14 ～ 19㎝のトップウォータープラグを使い、暗いうちはポッパーの音で誘い、日が差したらダイビングペンシルに切り替える。それでも反応しないときは磯のクロダイのように 15㎝前後のリップレスミノーやミノーを使って岩の隙間を蛇行させながら引く。するとどこからともなく現われてルアーを襲ってくる。下げ潮から上げ潮に変わり、まだ潮位が低いときがチャンス。

基本タックル＆基本釣法

ロッド：青もの用キャスティングロッド ７～ 8ft
リール：PE4 号が 200 ～ 300 ｍ巻けるリール
ライン：PE4 号
リーダー：ナイロン 15 ～ 20 号

◉ヒラスズキ釣りの最中にもよくヒットするため、ヒラスズキタックルでも臨めなくはないが、専門にねらうならもう少し太いほうが安心である。浅く荒い地形で釣るため、遠投するとかえって相手に逃げる機会を与えやすくなる。遠投よりも、浅場の中で流れの方向や強弱が違うところを転々と探っていくほうが効率的だ。トップ主体にゲームを組み立てるが、渋ければミノーを投入する。

⬆タックルは青もの用でよい

ステップアップ

浅い岩場で引きの強い魚を相手にするのは、いうまでもなく釣り人にとって不利。ドラグを締めてラインを出さないファイトが基本だが、大切なのはその前段のアワセを決めるときからである。やり取りで後手に回らないための体勢やロッド角度、イトの出し方でハリ掛かりさせる。

⬆夏に出た１尾。この魚は浅場の貝やウニなど動かない、あるいは動きの遅いエサが好きなようだ

⬅初冬のヒラスズキねらいでヒットした１尾

My Keyword

自分で発見した秘訣をメモしておこう

サワラ

こんな魚

分布：全国／産卵期：春／ベストシーズン：春と秋／食性：魚食性が高い／釣法：ソフトルアーでも釣れるがハードルアーが適す／釣り場：岸（磯や堤防）、沖

サワラはこんな釣り

50～60㎝の中型はルアーへの反応がすこぶるよく、群れが回ってくれば何尾も釣れる。しかし、70㎝を超えてくると警戒心が増すのか、釣れなくはないが、簡単ではなくなる。大型は1mを超え、このサイズになると引く力もかなりなものになり釣り応えは充分。さらに、脂が乗って味も極めてよくなる。

釣法

ショアゲーム

群れで入れば短時間で日課のように楽しめる

3大要素

◎中層へ落としたあと表層まで持ってくる
◎ボイルやナブラを見逃さない
◎バイブレーションで広く、手返しよく

見るからに悪役キャラ

見るからにどう猛な顔、目つきもとても冷酷そうである。この「札付きのワル」的な顔は幼魚の頃から変わらず、その印象どおりのままに、どん欲な捕食シーンを繰り広げる。

サワラを釣る最良の方法は、ナブラ撃ちやボイルを探し、見つけたらそこにキャストするサイトフィッシングである。

ところが、そのような視覚的な手がかりがないときの手立てはというと、漠然としているのが実情だ。

したがって、ショアジギングでねらうときは、着底から釣りをスタートさせ、ブリなどのほかの青ものを並行してねらうアプローチになりやすい。

大型は下層で掛かることも多いので、そのメソッドで間違ってはいないが、鋭い歯を持つサワラをより意識するならば、ラインは張り気味、誘いも巻き上げに比重を置いたほうが無難である。

最も重いバイブレーションは30g以上あるため、それを手返しよく多投し、広範囲をテンポよく探るのも有効な手段だ。

サワラは恐い顔をしているが、身は案外デリケートなので、釣ったらすぐに締めてばっちり冷やすとよい。

大型は誰もが喜ぶ隠れた人気魚種である。

⬅ペンシルベイトなどのトップウォータープラグやミノーも面白く、近距離は使いやすい

⬇メタルジグは18～40gがあればだいたいの状況に間に合う

ルアーセレクト

遠くまで届かせるならばメタルジグが筆頭となるが、あながちメタルジグオンリーとも限らない。サワラはとにかくベイトに付いてうろうろと泳ぎ回り、機を見て海面に追い込み、お祭り騒ぎのようになりふり構わずエサを食うところがあり、そうなると堤防の目の前だろうがボートから至近距離だろうが気にしない。よって、バイブレーションのほか、ミノーなどのプラグも備えておきたい。

基本タックル&基本釣法

ロッド：シーバスロッド８～9ft
リール：PE1号が200ｍ巻けるリール
ライン：PE1～1.2号
リーダー：フロロカーボン６～８号

◉スピニングタックルでよいが、シーバスロッドなら、中型までならＭクラス、70㎝～メーター級ならMHもしくはＨクラスが適している。一方、ラインは同じ１号か、太くしても1.2号でよい。ロッドもラインも、釣り具の進化は目覚ましく、大型を想定すると最初の走りを止めつつ相手に負荷を与えられる強さがほしい。釣り方は、どこを回遊しているかを見極め、ボイルなどをヒントにルアーを投げる。

➡タックルはシーバスロッドでOK

ステップアップ

湾内に入ったカタクチイワシが海面をクルクルと旋回し、それをフィッシュイーターが突き上げるクルクルイワシパターンという現象が一部の地域で見られるが、サワラはこれにも加担することがある。遠ければ釣れないが、大抵は移動するので、近づけばヒットする確率はかなり高い。

⬆クルクルイワシパターンのときに水中から全身をあらわにして小魚を襲うサワラ

My Keyword

自分で発見した秘訣をメモしておこう

エリア

全国的に見ればサワラは一年中どこかしらで釣れているが、外洋にいる個体の居場所を見失わずにい続けるのはかなり難しい。一転して湾内になるとベイトの居場所や潮流、地形といった条件から探しやすくなる。湾内に入ったサワラは岸から少し離れた、水深20～30mにいることが多い。このような背景から、釣るにはボートのほうが有利である。

⬆サワラは湾内の穏やかな海域で楽しめる

ボートメソッド

ボートから釣るときも、サワラの居場所を突き止める大きな目安はナブラやボイルである。船でナブラやボイルに近づいたらエンジンを切り、潮上から自然に距離を詰め、ルアーの射程圏内に入ったらキャストを開始する。サワラは上層を意識しているが、少し沈めたところから巻き始め、ルアーやラインがベイトに触れたところで止めを入れ、フォールで瀕死のベイトを演出して誘う。

⬆大きく成長しても小型のベイトを好むことがある

釣法

オフショアゲーム

より大きなサワラと出会うために

タックル

メータークラスのサワラを釣ろうと考えたとき、これまでは沖釣りも岸釣りもラインはPE2号が1つの規準だったのが、最近は明らかにワンランク細い号数が使われるようになっている。ボートからの場合は障害物がほとんどないことから、注意を払うべきはサワラの歯であり、それもフッキングが決まってしまえばほぼ解消される。ボートの機動性を活かせば飛距離頼みだけでもない。よって、取り回しのよさを優先させて6～7ftの長さにPE1号、リーダーはフロロ6号で勝負できる。

⬆瀬戸内海で秋に釣れた大型のサワラ

ゴムボート釣行にもぴったり

湾内は波も穏やかなことが多く、ゴムボートやカヤックでのアプローチも選択肢の1つだ。ここまで繰り返し記しているとおり、サワラはナブラやボイルといったヒントを出してくれるため、展開もわかりやすい。岸釣りからちょっと沖に出る感覚でできるゴムボートやカヤックにとって、サワラは根魚と並ぶ恰好のターゲットである。もっとも、船の往来が増える水道や橋の周辺、湾口などでは充分に注意し、他船からわかりやすいようにして釣るのが望ましい。

ルアー

岸釣り同様にメタルジグやバイブレーションを主軸にしながらも、ミノーやトップウォータープラグを備えているほうが細かく対応できるし、釣りも楽しくなる。歯でラインブレークしても困らないように、それぞれのタイプを複数で構成することも大切だ。さらに最近SLJが注目され、サワラもたくさん掛かってよさそうだが、SLJのバーチカルなアプローチではイマイチ反応が鈍い。やはりキャストして水平方向、巻く釣りがいい。その点からもプラグの使用は多いにある。

⬆沖のサワラ釣りで用意すべきルアーも基本的には岸釣りの構成と同じでよい。むしろ、飛距離は船がカバーしてくれる

➡もちろんメタルジグはマストアイテム

⬆ゴムボートは沖のサワラを釣るのに最適なツールの1つだ。岸から届かないラインに自分の都合に合わせて出られる。もちろん安全な航海が前提であることはいうまでもない

ベイト

ベイトは季節によってさまざま変わるはずだが、沖でも岸でも、釣れたサワラが吐き出すのはカタクチイワシを筆頭とするイワシが多い。しかも、10㎝未満だとほとんど無傷で飲み込まれている。ちなみにこれを食ったサワラの大きさは80㎝弱だった。サワラが小さいとベイトにも歯の傷が残るはずだが、大きくなるとこうして丸呑みにする。歯がある魚でも毎回噛みつくわけではなく、丸呑みするようだ。つまり、大きなルアーに噛み付かせてハリに掛ける方法と、小さなルアーで飲み込ませて掛ける方法がある。

⬆サワラが吐き出した未消化のカタクチイワシ。丸呑みにされ、姿がそのまま残っている

カマス

写真提供：ヤマリア

こんな魚

分布：本州中部～九州／産卵期：夏／ベストシーズン：夏と秋／食性：小魚、プランクトン／釣法：ハードとソフトの双方のルアーで成立／釣り場：岸（主に堤防）

カマスはこんな釣り

カマスサビキで釣るのが一般的だったが、近年はこれに加えて単体のルアーで釣るスタイルが定着しつつある。群れでいるため１尾釣れるとさらに数が伸ばせる。釣期が短いものの、離島だと総じて釣れる時期は長くなり、場所によっては周年ねらえる。裏技として、生きたカマスを泳がせるとヒラマサやブリが釣れる。

釣法

ハード&ソフトルアー

アジやメバル用のワーム、メタルジグで手軽に遊べる

3大要素

- ●日中は底層で群れてじっとしている
- ●夜は中～上層ねらいに切り替える
- ●スレないように適度にルアーを交換する

ルアーターゲットとしてのカマス

堤防などの身近な場所でよく釣れるため、今のところカマスが沖釣りの対象になる動きは少ない。

鋭い牙を持つ肉食系の顔つきからもうかがえるが、全長20～30㎝と小柄ながら、数センチのイワシから小アジまで、魚をよく追い回している。

どう猛なくせに臆病な魚で、特に日中と夜では性格が異なる。昼間は底でおとなしくしているが、夜は活発に動き、大きめのエサを好む。

ポイントになるのは、昼夜を問わず波が穏やかな漁港内や湾内のワンド状の地形である場合が多い。係留した船の影や船道の底で釣れる。

カマスはアカカマスとヤマトカマスがおり、よく釣れるのは前者のほうだ。

小さなメタルジグやジグ単を使えば食わせるのに難儀する魚ではないが、誘うときはあまりイトフケを出さないほうがよい。イトフケが出ていると鋭い歯に触れやすくなり、ライン切れを引き起こしかねない。

終始イトを張った状態だとアタリも取りやすいし、ハリ掛かりもしやすくなる。

身はやや水っぽいが、干物にするとたいそう上品である。そこが人気だ。

⬆小型のメタルジグがカマスに適している

➡ジグ単は強い波動が出せるようにダートするタイプがよい

ルアーセレクト

メタルジグは3～7g、最大でも12g程度があればよい。最初はゆっくりとしたただ巻きで様子をうかがい、反応の度合いに応じてアクションを加えていけばよいがあまり激しいアクションは必要ない。ワームはジグ単の近距離勝負でよく、ダートしやすいジグヘッド形状とワームが適している。メタルジグのキラキラした反射の代わりに、動きの波動で誘うわけだ。交互に使うとスレにくくなり、数を稼げる。

基本タックル&基本釣法

ロッド：メバル・アジ用ライトゲームロッド7～8ft
リール：エステル0.3～0.4号が150m巻けるリール
ライン：エステル0.3～0.4号
リーダー：フロロカーボン1.2～2号

◉日中に釣れることも多く、日中は底にまとまっているため、着底から釣りをスタートさせるとよい。海底の起伏のくぼみや陰になりやすいところにいる傾向が強い。夜は一転して活動的になるので、上層から下層へと探る方向を下げていくアプローチがハマりやすい。キラキラしたものに反応しやすいので、特に日中はメタルジグのイメージが強いが、ボリュームのあるアジ、メバル用のジグ単でもよく釣れる。

➡タックルはアジやメバルのライトゲーム用でよい

ステップアップ

強い波動を出すには、やじり型をした水を切る尖った部分があるジグヘッドがやりやすい。だが、横っ飛びしすぎるとどうしてもイトフケが出やすくなるため、丸型のジグヘッドを使ってロッド操作で波動を出せばイトの張りを保ったまま操作できる。あるいは、シャッドテールワームなど、使用するワームでも波動を出せる。

⬅カマスは大きいものは30㎝ほどになる

My Keyword

自分で発見した秘訣をメモしておこう

サバ

こんな魚

分布：全国／産卵期：春／ベストシーズン：春と秋／食性：雑食性が高い／釣法：ハードとソフトの双方のルアーで成立／釣り場：沖、岸（磯や堤防）

サバはこんな釣り

よく「アジ・サバ」と言われるように、確かにオカッパリでアジを釣っているときにサバもよく掛かるが、手頃なサイズが釣れるのは少ない。小さいと脂の乗りが悪く、30㎝以上がキープの目安だ。サバを専門にねらう動きは沖釣り、岸釣りともに少数派で今後に注目したいジャンルである。

釣　法

ハード&ソフトルアー

沖と岸では使うルアーやアプローチがまったく異なる

3大要素

- ●ただ巻きで様子をうかがう
- ●速巻きにストップを入れて誘う
- ●少し強めのタックルで早く取り込む

楽しみ方は3通りある

釣りをする・しないにかかわらず誰もが知っているポピュラーな魚だが、不思議なことに釣りではエサでもルアーでもそこまでメジャーな存在というわけではない。

しかし、引きは独特。そして30㎝以上になれば食べて美味しく、40㎝を超えるとアジを凌ぐ絶品の味になる。

また、大分県と愛媛県を結ぶ豊後水道では関サバが高級ブランドとして知られ、福井県から京都府にかけての若狭のサバも有名だ。

釣りではサバは3つの顔を持つ。1つは沖のジギング、2つめは岸からのアジやメバルのライトゲームのついで、3つめは岸からメタルジグで中型をねらうスタイルだ。

それぞれに適したタックルとルアーがあるが、いずれも釣り場にサバがいればヒットする確率は高い。ただし、足が速いので短い時合で終わることも多く、取り込みは素早く行なうほうが何かと賢明である。

着水したルアーがフォールしている最中にヒットすることもしばしばあるほか、ヒットしたら沖では急浮上したり、岸釣りだと手前に向かって泳ぐことも多い。そのため、急いでリールを巻いても巻き取りが追いつかないこともある。

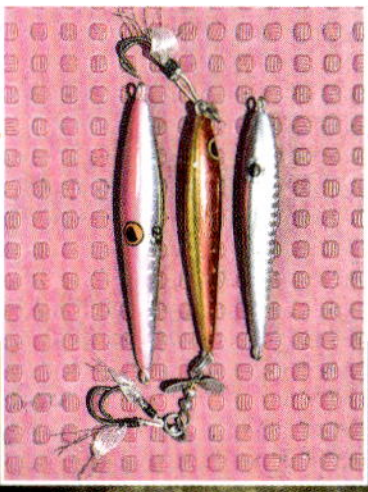

⬅沖でもメタルジグがメインになる。重さは水深や流速に合わせるが、40～100g を用意しておきたい

⬆岸釣りだとアジ、メバルのワーム、リグが流用でき、夜にもヒットする

ルアーセレクト

沖で使うメタルジグは、水平姿勢で沈むタイプ、ヒラヒラと舞うように沈むタイプなど、沈み方に特徴のあるものと、ジャークしたときに跳ね上がったり不規則な方向に逃げ惑うような動きをするものがよい。岸釣りではワームのジグ単を中心にして 2 ～ 3in のストレートワームやシャッドテール、メタルジグは平らで細長い 7 ～ 28g を用意しておけばいろいろな状況に対応できる。

基本タックル&基本釣法

ロッド：ライトジギングロッド 5 ～ 6ft
リール：PE1.2 号が 200 ～ 300 m巻けるベイトリール
ライン：PE1.2 ～ 1.5 号
リーダー：フロロカーボン 6 ～ 8 号

◉岸からねらう場合はアジと一緒に釣れてくることが多いため、アジやメバル用のタックルを流用してよいが、30㎝以上の中～大型が釣れているのであればシーバスロッド程度の強さがあるほうがよい。ルアーはアジに使うワームやメタルジグでよく、沖では 40 ～ 100g のメタルジグが中心になる。キラキラ光るものが好きなので、岸、沖ともに反射や動きで誘いたい。

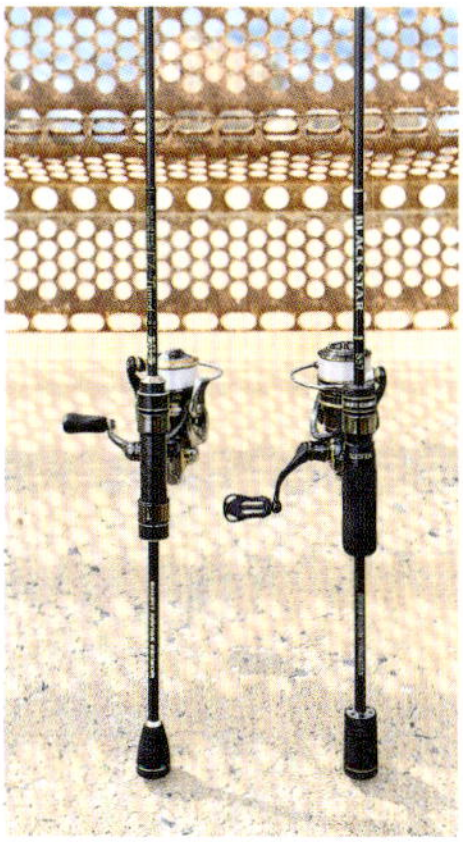

➡タックルは沖ではジギング、岸だとサイズに応じてライトゲームタックルかシーバスタックルクラスを選ぶ

ステップアップ

サバは掛かると激しく震えながらグルグルと旋回する。沖釣りで巻き上げにもたもたしているとラインがよじれたり、絡んだり、トラブルを起こしかねない。グルグル回られるとリールを巻く手も止まりがちだ。そこで電動リールの登場である。中型でよいので、これを使うと非常に取り込みがスムーズになる。

⬅サバには電動リールの使用が大いに有効だ

My Keyword

自分で発見した秘訣をメモしておこう

クロダイ

（キビレ含む）

こんな魚

分布：全国／産卵期：春／ベストシーズン：春、夏、冬／食性：雑食性が高い／釣法：ハードとソフトの双方のルアーで成立／釣り場：岸（磯や堤防）、内湾の沖

クロダイはこんな釣り

シーバスの外道として釣れていたクロダイを専門にねらうようになって12～13年。1ジャンルとしてすっかり確立し、アイテムも充実したが、今でもトップとボトムの2大アプローチが鉄則。夜×ボトム＝ソフト、日中×トップ＝プラグも健在だが、日中はボトムワインドというメソッドも加わった。

釣　法

ソフトルアー

河口や河川×ジグヘッド＋甲殻類ワーム×底層

3大要素

◉日中はボトムワインドのリアクション
◉夜はボトムキープとスピード調整
◉当たりワームとジグヘッド形状を探す

動きと性格を知る

昼夜を問わずゲームが成立し、そのうえシーバスと同じく人間の近くに生息圏があるため、いつでも釣りに行ける手軽さが魅力の魚だ。

釣り場は湾内や港湾部、河口や河川内で、特に小中河川は上げで入り、下げで出ていくことを覚えておこう。

大河川は河川内で居場所を変えるようだ。また河川に限らず、クロダイもキビレも上げ下げの潮の動きに応じて居場所を変え、その動きの中で摂餌する。

港湾部のバース周りを舞台にしたボート釣りは深いところで縦の誘いで釣るが、岸釣りでは浅いところがメインになる。

ヒザ丈程度の水深があればヒットし、それはトップゲームについてもいえる。

釣り場に適しているのは、端的にいってエサの多いところ。カニ、シャコ、エビ、小魚、カキ、カラスガイなどが豊富な干満の影響のある砂地、砂泥、干潟底がよい。さらに、ボトムゲームではリグが埋まらない硬い底質の場所でよく釣れる。

好反応するのは、日没前後や潮の干満が変化する前後だ。

ワームは当たり形状のほかにカラーも偏ることがある。

小さなアタリは前アタリで、強いアタリが出るまで待つのがセオリーだ。

ルアーセレクト

ハゼやエビなど、クロダイが好んで食べる小魚や甲殻類に似せたワームで、大きさはひと口サイズの 1.5 ～ 2in 程度が適している。ジグヘッドの重さは 3 ～ 7g を多用し、水深、流れ、飛距離によって使い分ける。さらに、形状にも気をつける。これは一瞬止めて誘いを入れたときの静止姿勢でクロダイの反応の度合いが変わり、ひいてはハリ掛かりの確率に影響するためだ。

⬅アタリが大きくなるようにジグヘッド、ワームの形状、ワームのカラー、探るスピード、止め、ロッドワークによるズル引き、リーリングによるズル引きをいろいろと試す

⬆ジグヘッドも台形、フットボール、丸型、船底型などいろいろ。根掛かりしにくい点と止めたときにどういう姿勢になるかも気にしたい。ワーム形状は小魚、エビなどの甲殻類系がよい

基本タックル&基本釣法

ロッド：クロダイ専用ロッド 7 ～ 8ft
リール：PE0.6 号が 150 m巻けるベイトリール
ライン：PE0.4 号
リーダー：フロロカーボン 1.2 ～ 1.5 号

◉ロッドはベイトでもスピニングでも好みでよいが、強いていえばトップゲームはベイトタックル、ボトムはスピニングタックルが釣りやすい。日中のトップとボトムワインドは縦にロッドを操作して小刻みにルアーを動かすのが基本。夜のボトムのズル引きは巻くだけでよいが、スピードの調整、一瞬の止め、ジグヘッド形状とワーム選択でアタリの大きさが格段に変わる。

➡専用ロッドのよさは感度とパワー。ハリを掛けるのに必要なパワーがスムーズに伝えられるかどうかも重要だ。アワセは鋭く入れる

My Keyword

自分で発見した秘訣をメモしておこう

ステップアップ

キビレも日本の各地に生息し、クロダイよりもひと回り小さいが、攻撃的な性格からルアー釣りの好敵手だ。産卵期は秋で、クロダイと異なる。どちらも口周りが硬く、タイラバのようにカツカツカツと何度も当たるが、そこで合わせても掛からず、重みが乗るまで待つ。そこもタイラバに通じる。

⬆キビレ。夜も活動的だが、日中にもよく釣れる

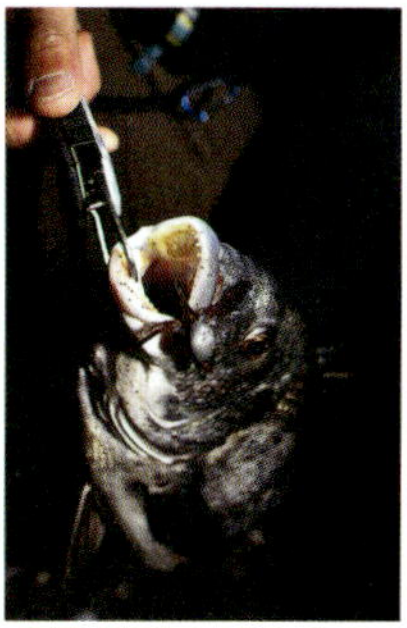

➡写真のように口の横のカンヌキ部分（ジゴク）か唇の根本にハリ掛かりさせるのが理想。小さなカツカツしたアタリでとどまっているうちは釣り方にもう一工夫必要というサインだ

釣　法

ハードルアー

トップゲームがメインだが、ボトムコンタクトでも

トップゲーム

渋いときは3.5cmのミニサイズ、逆に大きいものは9cm程度、オーソドックスなのは5～7cmのポッパーやペンシルベイトを使い、連続ドッグウォークでクロダイに気づかせる。ルアーに気がついたクロダイは、好奇心や食性などからルアーを追尾し、ある個体は興味を失い、ある個体は鼻っ面まで、ある個体はためらいなくガブッとルアーを襲う。追尾し始めたクロダイに口を使わせるためには、ドッグウォークの最中にテンポを遅らせ、距離を詰めさせる間合いの絶妙な加減が必要で、そこが釣趣となっている。ポッパーが効かないならペンシルベイトというように、どちらかのルアーで成立するケースが多いが、希にどちらにも見向きもしない局面がある。そんなときはえてしてプロペラが搭載されたトップウォータープラグがハマる。スイッシャーやプロップベイトと呼ばれるタイプで、前方か後方のどちらか、もしくは前後両方にプロペラを持っている。

⬆夏の正午近く、トップに躍り出たキビレ

⬅ポッパーのフックにはフェザーやティンセル、ラバーがあしらわれている。こうすると止めたときでもフックが揺れてアタックの標的（バイトマーク）にされやすい

➡上からペンシルベイト、ポッパー２個

タックル

ハードルアーでもロッドはクロダイ専用が好ましいが、強めのアジ・メバルロッド、ブラックバス用でも流用可能だ。長さは7～8ftが操作しやすい。トップゲーム、クランクベイト、バイブレーション、チャターともにベイトタックルが向いているが、スピニングでも充分に釣りはできる。ラインはPE0.6～0.8号、リールはラインが150m巻ける大きさ、リーダーはフロロ２～2.5号。

⬆タックルはベイトとスピニングのどちらもあり

ボートゲーム

前ページでも触れたが、ベイチヌと呼ばれる港湾部でのバーチカルアプローチにはキャンディ、消しゴム、カラスガイを模したルアーなど、さまざまな擬似餌が使われる。さらに、クロダイはトップウォータープラグでも釣れる。浜名湖や九州各地には遊漁船もあり、引きの強さに加えて視覚的にも楽しめることから、遠くから釣りに来る人もいるようだ。

⬆ボートのトップゲームで出たクロダイ。良型だ

厳寒期のミノーイング

ヒラスズキが産卵で磯から姿を消している1～2月、代わりにクロダイが春のノッコミに備えて磯の浅い場所へエサを求めて差してくる。どの磯にも入るわけではないが、水際から2mあたりまでの水深が広がった、いわゆるシャローフラットの磯を目安に探していけば見つかるはずだ。ルアーをフルキャストしたあたりが水深2m程度で、そこから少しずつ浅くなり、目の前が50cm程度になるイメージだ。12～14cmのミノーもしくはリップレスミノーを使って水面直下から30～50cmの深度を岩の隙間を縫うように引いてくると、どこからともなくクロダイがそのルアー目がけてアタックしてくる。食ってくるサイズが50cmを超える大型ばかりであること、掛ける場所が岩がゴロゴロある浅瀬であることから、ファイトは熾烈を極め、ヒラスズキタックルで対等になるという。不思議だが、季節的な関係か、小型は掛からない。そこがまた魅力になっている。

⬆厳寒期に浅い磯で出た大型クロダイ

ドッグウォーク……犬が首を振りながら歩く様子になぞらえて、ルアーが左右ジグザグに頭の向きを変えながら動く様子、あるいはそのようにアクションさせることをいう。元々バスフィッシングで使われていた用語で、ルアー釣りではソルトの分野でもバス用語がたくさん使われている。

➡河口域の浅い砂地、砂泥、潟底はクロダイやキビレの釣り場だ

⬅満潮時は水に隠れる底は水生生物の恰好の住処。そして出てくるとクロダイのエサになる

クロダイ釣り場

平時からササニゴリで、水深は浅めで1.5mほど、干満によって水位が変動する汽水域がトップやクランクベイトなどのハードルアーの釣りに向いている。干潮時に露出した水底に多くの穴が開いていれば、甲殻類やトビハゼなどが生息していると考えられ、クロダイのベイトの証といえる。

クランクベイトほか

クランクベイト、バイブレーション、チャターは水温が上がった時期に有効ないわゆる巻きモノルアーで、基本的な使い方はただ巻きでよい。キモはクランクベイトのリップを底に当てて砂煙を上げたり、バイブレーションとチャターは巻き速度を変化させることで生まれる軌道の上下動や巻く手を止めたときのフォールなどだ。

➡クランクベイト（左上）、バイブレーション（右上）、チャターベイト（下）の大きさはいずれも2in前後

ルアーの対象としてのクロダイ

クロダイという魚はとてもユニークで、エサ釣りでも実に多くの釣法がある。フカセ釣りに始まり、ヘチ釣り、前打ち、イカダ・カセ、紀州釣り、チョイ投げやカキ殻を使うカブセ釣りなんていうのもある。

これはひとえにクロダイの食の多様性からで、実にさまざまなものを食っている。

恐らくはすこぶる高い好奇心も関係していそうである。

長らくエサ釣りの対象でしかなったクロダイも、ルアーのターゲットになってからは、少しずつ使用ルアーやアプローチが増えている。

特に、トップに反応するクロダイの姿は釣り人に強い印象を残す。水面のルアーに襲いかかる最終局面では、魚体を横に寝かせて口を開ける。その姿は南海のGTにも似ているという。

ハゼ

写真提供：ヤマリア＝「Y」

こんな魚

分布：全国／産卵期：冬～春／ベストシーズン：秋／食性：雑食性が高い／釣法：ハードとソフトの双方のルアーで成立／釣り場：岸（堤防、河口、河川内）

ハゼはこんな釣り

アユの友釣りと並び、歴史の古さから文化的要素も備わる魚だが、ルアーの分野では平成後期にジャンルが確立した新しい対象魚。ルアーに対してまっしぐらにアタックするさまが釣り人の気持ちをつかむ。ハードルアーとソフトルアーが使え、専用ルアーも出ているが、手持ちルアーの流用でも充分楽しめる。

釣法

ハード&ソフトルアー

獲物というよりもコミカルで健気な遊び相手

3大要素

- ●見切られないように動かし続ける
- ●スレさせない小さな努力の積み重ね
- ●砂煙で幻惑

ペットと戯れるような愛玩フィッシング

ゲームフィッシングを純粋に釣って楽しむだけと捉えるならば、ハゼはその王道にいる魚といっていい。

釣りのスケール自体はスモールフィッシングだが、クロダイやシイラに通じるハラハラドキドキがあり、見た目のひょうきんさも相まって愛玩の対象にもなり得る魅力を秘めている。

ハゼもクロダイもシイラも、みなルアーを目がけて一心不乱に近寄ったかと思えば、食う寸前で突然口に入れるのを止めたりする。

その落差は、落語や漫才の落ちのようでもある。ずっこけるような光景はとても微笑ましく、そこからどう食わせようかと、釣り人として腕が鳴る相手でもある。

プラグのリップやジグヘッド＋ワームを底にこすらせながら巻くと煙幕が上がり、それがハゼの目に止まると猛追のスイッチが入る。

しかし、往々にしてそれだけではヒットしないため、瞬間的な間を入れて、相手に悟られないようにルアーとの距離を縮めていく必要がある。

ルアーサイズや動き、色が魚のお眼鏡に叶っていれば無事に口に収まり、そこから線香花火のようなファイトが味わえる。

⬅どのワームが、どの色がそのときのハゼに訴えるかは、釣ってみないとわからない。そこを探るのが釣趣だ

⬆メバルやアジに使うタックルが適している。こだわる人はベイトタックルも面白い

⬅小さなプラグに反応したハゼ。白身で美味なので、真剣に釣って数を稼げばいい土産になる (Y)

ルアーセレクト

ハードルアーは浅いなりに底が取れる、あるいは底まで到達する潜行能力を持つクランクベイトやシャッドが適したプラグの筆頭格。シンキングやフローティングミノーは水深次第で使う。ソフトルアーはジグヘッド+ワームが使いやすい。どちらもただ巻きでよい。ハゼはいろいろなルアーに突進してくるが、口を使うルアーは限られるので釣り始めはこまめにローテーションさせる。

基本タックル&基本釣法

ロッド：メバル・アジ用ライトゲームロッド6～7ft
リール：PE0.2号が100m巻けるリール
ライン：PE0.2～0.3号
リーダー：フロロカーボン1.2号

◉遠投は必要ではない。むしろ根掛かりしにくくて気を遣わずに広く探れる浅場を見つけることのほうが先決。底がはっきり見える水深で釣ると、ハードルアーとソフトルアーの両方が使えてハゼの猛然としたアタックも丸見えで楽しい。ルアーはどのタイプも巻くだけでよいが、そのただ巻きの加減に一瞬だけ止めるのをどう絡めるかがヒットを左右し、そこが最大の面白さとなっている。

➡クロダイで多用されるワームも有効

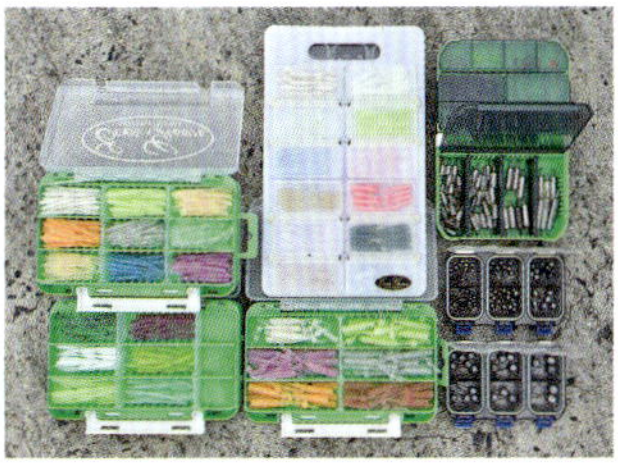

⬅メバルやアジで使うワームも有効

ステップアップ

釣り場の多くは干満の影響がある河口や河川内なので、総じて潮位が高いときよりは低いほうが釣りになりやすい。一口に潮位が低いときといっても、釣り場によって下げ潮の終盤がいいときと上げ潮の動き始めがいいときがある。遠浅の漁港も釣り場となる。

➡大きいものは20㎝強になる(Y)

My Keyword

自分で発見した秘訣をメモしておこう

マゴチ

こんな魚

分布：東北以南／産卵期：春～初夏／ベストシーズン：夏と秋／食性：小魚、甲殻類／釣法：ハードとソフトの双方のルアーで成立／釣り場：岸（サーフ、河口、河川）、沖

マゴチはこんな釣り

ルアーはもちろん、エサ釣りでも古くから人気がある炎天下の貴重なターゲット。内湾を好むが外洋に面したエリアでも実績はあり、さらには河口、河川内にも差していく。ヒラメとともにフラットフィッシュと呼ばれ、釣り方は海底の少し上、もしくは海底べったりを水平方向にアプローチする。

釣法

JH《ジグヘッド》＋ワーム

居場所を突き止めれば、あとは手こずることはない

3大要素

- ◉固い海底よりもやわらかい砂地
- ◉困ったときは河川頼み
- ◉密集する傾向が強い

炎天下のナイスファイター

マゴチに限らず、ルアーもエサ釣りもベストシーズンには産卵が関係していることが多い。そして、マゴチもやはりその図式に収まっている。

また産卵に際しては多くの場合、産卵前に浅瀬に差してきてエサを荒食いする。そのため、普段は沖にいて沿岸からでは手が届かない相手でも、ショアの釣りの射程圏内に入るというわけだ。

マゴチは水温が上がる夏期に活動的になり、エサとなる小魚に付くようにして浅場を転々と移動している。

主なエサは、イナッコ、ハゼ、キス、イワシ、アユ、甲殻類。これらのベイトがいる場所を突き止められれば、自然とマゴチに辿り着く。

マゴチは密集するクセがあるため、1尾釣れたら、その周りで次のヒットも期待してよい。1つのパターンにハマるケースもしばしばあり、連続ヒットも多い。

ベイトがいるところが前提だが、底に定位するマゴチの好みはやわらかい砂地や砂泥地で、ガレ場がきつかったりゴロタ浜になると少ない。

いよいよ暑くなると河口だけではなく、清涼な河川中流域にまで入って来る。

➡スピニングタックルでもベイトタックルでもよいが、楽なのはスピニング

⬆マゴチねらいのリグはテキサス、キャロライナ、ワイヤー、直リグなど多彩だが、ジグヘッドを多めに備えておきたい

⬆甲殻類を模したワームもよく釣れる

ルアーセレクト

甲殻類系と小魚系でいえば、どちらもあり。ワームをよく使うハタと比べれば、そこまでセレクティブになるケースは希だといえる。したがって水深に対してジグヘッドの重さを決め、そのフックサイズに見合った大きさのワームを選べばよい。ジグヘッドは5～14gまでで間に合う場合がほとんどだが、深場用に18～21gも数個用意しておけばよい。ワームは2～3in。

基本タックル&基本釣法

ロッド：ライトゲーム or クロダイロッド 7～8ft
リール：PE0.6号が200m巻けるリール
ライン：PE0.6号
リーダー：フロロカーボン2号

◉比較的浅い場所で釣るので軽いルアーが使えるが、重さは飛距離との兼ね合いで決める。重いと飛距離は稼げるが、吸い込みづらくなり、低活性の日はハリ掛かりに影響する。遠投頼みの釣りではないので、いかに底スレスレを引いてこられるかを優先してルアーを選ぶ。基本的にただ巻きでよい。根掛かりもあるためワームから釣り始めるとよい。ロッドはライトクラスのシーバス用やバス用でもよい。

➡キジハタのシールが貼られているが、マゴチやヒラメなどにも安心して使える

⬆マゴチを釣るときのワームは割とふくよかなシルエットが合っている

ステップアップ

巻き中心の釣りゆえジグヘッド+ワームの出番が多いが、テキサスリグや中通しシンカーを使うキャロライナリグも障害物の多さに応じて選びたい。リグ交換と同じくらい重視したほうがよいのはルアーのサイズ感で、同じジグヘッド+ワームでもさまざまなシルエットがあるので、その違いも試したい。

➡マゴチは日中だけでなく、夜にもヒットする。また東北から九州南部まで、広く分布する

My Keyword

自分で発見した秘訣をメモしておこう

釣　法

ハードルアー

ミノー、チャター、バイブレーション、etc…

⬆水が動く水門は川に差してきた海の魚にとっても心地よく、またエサを食うにも都合がよい。そのぶん人も多くてスレている可能性もあるが……

⬆小粒なスピンテールジグもベイトが小さくてポイントまで遠いときに活躍する

⬅ここではショアについて解説しているが、マゴチはオフショアでもしばしばヒットする。特に湾内に多く、ジグ、バイブレーション、タイラバでの実績が高い

⬆マゴチが釣れるハードルアーは、ミノーのほかクランクベイト（左上）、メタルバイブレーション（右上）、チャター（下）など

⬆ハタ釣りの定番、ハイブリッドリグも底層を探るマゴチにはぴったり

釣り場候補

マゴチ釣り場はサーフや河口。あまりイメージにはないが、水温が上昇すると河口からさらに上流に移動して中流域や堰の近くでも釣れる。

河川は規模に配慮する

河川を釣るなら大河川よりも中小規模の河川、大河川なら中流に釣り場を求めるとよい。川の流れがベイトを呼び込み、それに伴ってマゴチが入ってきたときに隈なく探れる規模のほうがマゴチと出会える確率が高くなるからだ。理想はルアーを投げると対岸まで届く程度。もちろん前提としてベイトがいるかどうかは釣果を左右する。

プラグは浅瀬で

マゴチは水深１ｍくらいの浅場にまで差してくる。もちろん、周年いるわけではなく、釣期の夏になるとエサを追って入ってくる。浅いところならシンキングミノーなどのプラグが使える。

➡シーバスねらいでは浅い一帯（シャローフラット）にウエーディングするのはよくあるが、マゴチの場合は、その立ち位置にいるかもしれないので、立ち込む前にいるか・いないかをチェックする

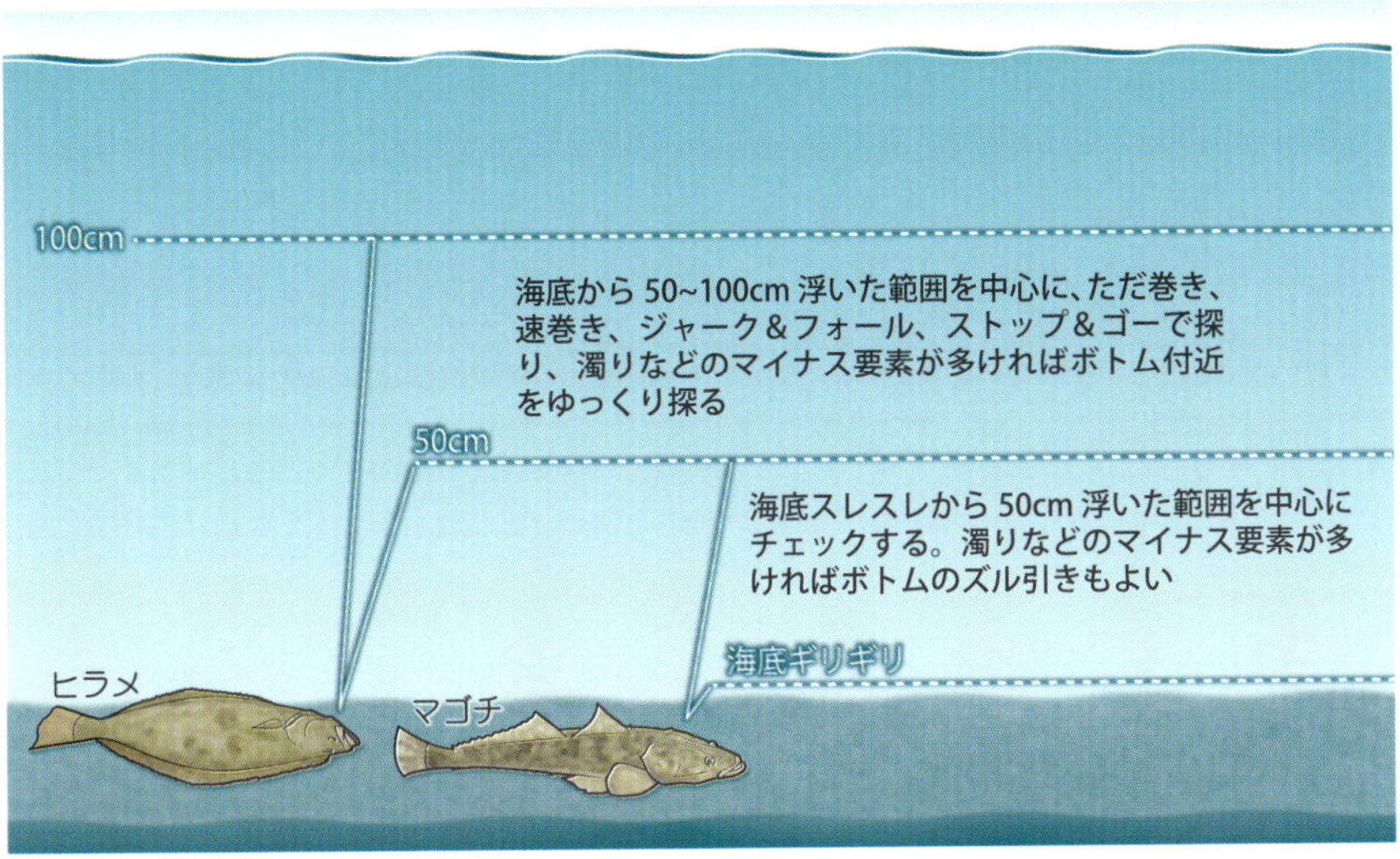

砂利底はヒラ打ちで決める

リップ付きのプラグを使う際、底が砂利交じりであれば、意図的にプラグのリップを砂利に当ててみる。こうするとプラグがヒラ打ちしてバランスを崩し、それまではとは大きく異なる動きを見せる。このときにヒットするケースがしばしばある。浅い場所、砂地に砂利という要素からサーフよりも河川で釣るときに覚えておきたい。

⬆真夏にはこうした河川が主な釣り場になる

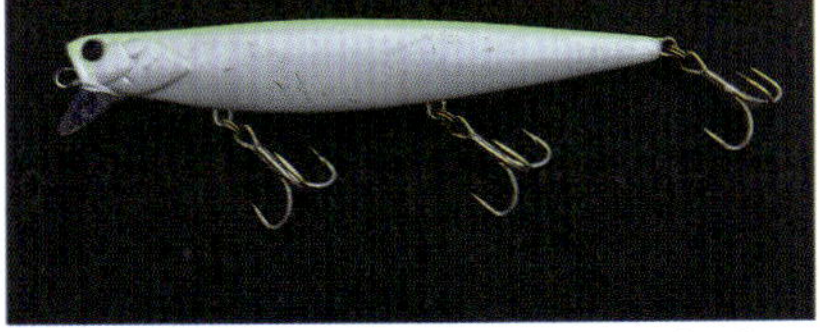
⬆浅い釣り場に入っているときはミノーなどのプラグでテンポよくチェックできる

ここを見逃してはいけない

サーフで釣るときは、ヒラメ同様に離岸流や横流れといった潮流の変化と地形の起伏を気にしながら釣り歩く。サーフはどこもスロープ状になっており、傾斜がきつくなったところは要チェックだ。特に、カケアガリの上よりも下段は探りを入れるようにしたい。また、変化に乏しいサーフの中に河川が流入していれば、そこはとても重要なスポットとなる。厳しい暑さが続くと河川内もいい釣り場になるからだ。見落としがちなのは流入河川の河口に築かれた導流堤。消波ブロックなどで造られていればマゴチが付いている可能性が高い。

⬆サーフに突き出た消波ブロック帯は格好のポイント。人が立てない消波ブロックだと警戒心も解けてすぐに反応する可能性が高い

海サクラマス

こんな魚

分布:主に北日本／産卵期:秋／ベストシーズン:春／食性:小魚、甲殻類／釣法:主にハードルアーで成立／釣り場:岸(サーフ、ゴロタ、磯、河川)、沖　※注:北海道では河川内釣り禁止。河口規制等にも注意

海サクラマスはこんな釣り

サクラマスは、とりわけ北日本におけるアングラーの好敵手。また淡水では福井県の九頭竜川などは全国から釣り人が集まる聖地で、ソルトアングラーも2月の解禁から春はこの魚を追い求める。海で釣れるサクラマス、通称海サクラは北海道から北東北を代表するターゲットの1つで、岸のほか沖でも釣れる。

釣法

ハードルアー

かつては「宝クジ的釣果」、いまは「ねらって釣る時代」

3大要素

- ●メタルジグやジグミノーのただ巻き
- ●何をしても食わないなら表層高速巻き
- ●ルアーを止めると見切られやすい

比較的新しい対象魚

河川のサクラマスは別として、一般的にはねらって釣れる魚ではないと捉えられていた海のサクラマス釣りに変化が訪れたのは2000年から。2004年にフィーバーがあり、一躍ルアーターゲットとして急成長した。その舞台は別項で触れた北海道西岸の島牧村だ。

今は北海道全域及び北東北で釣果があり、70㎝、4kg超の板マスと呼ばれるサイズが釣り人の目標とされている。

海サクラに好条件なのはシケ後のナギで、特に多少の波っ気を残したササニゴリである。

ナギでも多少釣りづらさを感じるコンディションのほうが、魚自体の警戒心は薄まり、ルアーへの反応はよくなるようだ。

サクラマスのバイトの傾向は、それまでの巻き速度からスピードアップさせるぶんには反射食いするが、逆にスローダウンさせると離れやすい。

ただし、ベタナギの日はジグやジグミノーを使って表層を駆け抜けるようにスキップさせて巻いたあと、通常の巻き速度に戻すアプローチがハマることがある。とはいえ、完全に止めると見切られやすい。

その点、ミノーはただ巻きのほかに、止めやワンジャークが効く。

ルアーセレクト

メタルジグ、ジグミノー、ミノー、シンキングペンシル、バイブレーション、スプーンなど多くのルアーに反応する。メタルジグは30～50g中心、ジグミノーは15～30g、ミノーは12～16㎝を充実させておきたい。さらに、ただ巻きで釣っているときはシルエットとカラーにも注意する。カラーはピンクやグリーンが基本である。ミノーは磯から手返しよく探るのに適している。沖はSLJが注目され始めた。

⬆多少波っ気がある海岸で取り込みの段階を迎えた釣り人

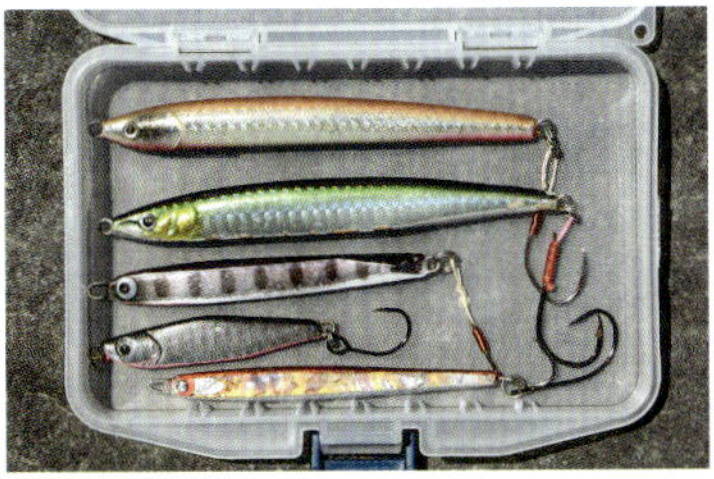

⬅ルアーはいろいろなタイプで実績が出ているが、定番はメタルジグとジグミノー。あとはフォローで違うタイプを備えておくと万全だ

⬆フックはルアーの後方にシングルフックをセットする

基本タックル&基本釣法

ロッド：海サクラマス専用ロッド10～11ft
リール：PE1号が250m巻けるリール
ライン：PE1.2号
リーダー：フロロカーボン4～5号

◉海アメも共通するが、50g以上のジグを投げるときはリーダーの前にスペーサーとしてPE3～4号を3～5m入れるのが無難である。釣り始めは活性を占うためにジグやジグミノーを高速もしくはゆっくりのただ巻きで試す。ジグミノーはクルクルと回転しない速度に抑える。さらに、反応しないとカウントダウンで沈め、下層からジャーク&フォールで誘う。エサの小魚が多いと反応もよい。

➡タックルは海アメ同様に、ヒラスズキタックルも流用可能だ

ステップアップ

シングルフックの向きを変えることで、釣りやすさや釣りのリズムが変わってくる。特に根掛かりしやすい磯や繁茂した藻場では、ハリが上向きになるようにセットするだけで余計なものに引っ掛かる確率が低くなる。また基本的に即アワセでよいが、乗らないときは軽くイトを送り込んでから合わせると有効だ。

My Keyword

自分で発見した秘訣をメモしておこう

海サクラメソッド

今後さらに発展する可能性あり

⬆遠浅の海岸でなければ、魚が足元で掛かるケースも少なからずある。不用意なウエーディングは自ら可能性を潰しかねない

海サクラも春に咲く

⬆川に戻る直前までエサを追うため、マッチザベイトで釣るのが正攻法だ

⬆エサとなる小魚が多いとサクラマスの食い気も高く、ルアーへの反応もよい

⬆磯はミノー射程圏内で通用することも多い

こんな世界もある

令和注目のジャンル、SLJの可能性

沖に出ると海サクラは中層に定位してイカナゴを食っていることが多い。さらに、下層には他魚がいて、下層から誘うと中層のサクラマスの食いに影響するため、通常の着底からのスタートは控える傾向にある。よってサクラマスがいる層に合わせるところがキモだ。いる層がわかればフォール、巻き上げ、派手な動き、抑えめの誘いなどSLJの誘いが有効だ。

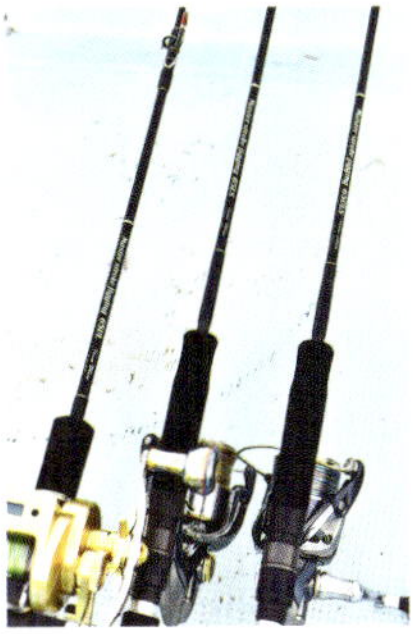

⬅SLJでは軽いタックルで軽快に釣る

⬇イサキやマダイや根魚をねらうSLJは沖にいるサクラマスにも有効

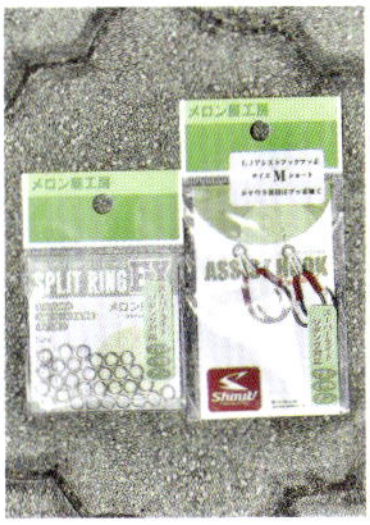

⬇SLJではシングルフックを使用

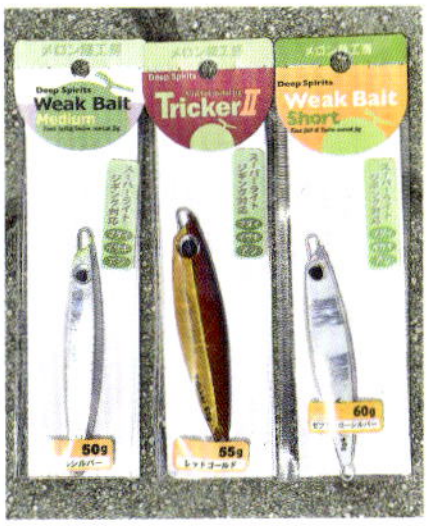

⬆SLJで多用されるジグは30～100gで、多用されるのは40～80g

岬周りのチェック

ここでいう岬は2タイプ。俯瞰（ふかん）したときに沖に張り出している本来の意味での岬が1つで、もう1つはサーフやゴロタなど、似た地形が続くなかでほかよりも突き出ている一画だ。本来の岬は魚が回遊したときに近くを泳ぎやすく、流れの変化もそのスポットで最も見込めるため、フレッシュな群れに遭いやすく、遠投すればサオ抜けポイントをチェックできる。サーフやゴロタで突き出た一画は、真正面よりも正面の両脇（左右の斜め沖）がねらいめで、そこが深くなっていれば沖に出る流れが生まれやすく、そこが捕食場所になったりする。干満の変化によって機能する岬が変わっていくため、地形に詳しいことが重要だ。

メタルジグとジグミノーの違い

メタルジグのほうが比重が大きく、遠投力がある。ただし、表層を探るには巻き速度を速くせざるを得ず、それが合わない場合がある。一方、ジグミノーはメタルジグよりも沈みが遅く、メタルジグよりもスローに誘える。ただし、シケた日は浮き上がりやすい。どちらも止めるとスッと沈み、スローダウンさせると少しずつ泳層が下がるため、巻き続けたり、ジャーク＆フォールでの操作が基本だ。

サオ抜け……釣り人からのチェックが届きにくい遠いポイント、障害物に囲まれたポイント、あるいは油断して見落としているポイントなどで、そんな場所はルアーにスレていない個体がおり、よい反応を得やすい。

磯のミノーイング

海サクラの好シーズンになるとナギの日も多くなる。そんなナギにも、風が吹く日にもヒラスズキ用のミノーは海サクラ攻略に有用だ。風でベイトが沿岸に寄せられれば、沈み瀬の周りは波をかわしつつエサを捕食するのに好都合で、ヒラスズキ釣りのように風を読み、コースとヒットしそうなポイントをイメージしてルアーを通すとよい。ナギは風の影響が少なく、キャスト精度も上がりやすい。その場合、海サクラが付いた岩礁帯をタイトに攻めてじっくりとルアーをアピールできる。ミノーは泳いでいた層を保持する能力が高く、巻きスピードに変化をつけたり、止めてもバイトを引き出しやすい。

海アメマス

こんな魚

分布：主に北日本／産卵期：秋／ベストシーズン：冬／食性：魚食性が高い／釣法：主にハードルアーで成立／釣り場：岸（磯、サーフ、ゴロタ、河口、港湾）

海アメマスはこんな釣り

北海道では日本海側が発祥といわれ、釣期が長く、特に雪に閉ざされる大地の冬の貴重なターゲットであり、最大で80㎝にまで成長する。通常は春に海に出て秋の前に川に戻るが、なかには秋に産卵したあとすぐにまた海に出る個体もいるようだ。ちなみに陸封型はエゾイワナである。

釣　法

ショアゲーム

釣りのスタイルは岸の海サクラマスとよく似ている

3大要素

- ◉ジグやジグミノーは沖の長距離砲
- ◉人工リーフ内はミノーでじっくり
- ◉海サクラやカラフトマスにも通じる

北海道の冬を変えた魚

降海したアメマスは、サクラマスのように沖には出ず、沿岸の近くを回遊する習性がある。そのため、岸からの釣りで出会える確率が高い。そこがショアゲームにとって何より都合のよいところである。

見方を変えれば、海サクラマスやシロザケのように沖釣りではねらいにくいということだ。

海アメマスは5kgアップにもなる個体がおり、総じて大きなエサを好む。特に、オオナゴと呼ばれる大きく成長したイカナゴは、攻略のキーベイトだ。

釣り場はサーフ、ゴロタ、河口といったサケ・マス類ではド定番の場所がメインだが、シケた日は港湾内に入ることがしばしばある。その場合は港湾部が釣り場と化す。釣り人もシケを少しかわしつつ釣りができる。ちなみにこの傾向はカラフトマスにも見られる。シケた日は港湾部を目差すとよい。

この釣りに詳しい人は、シケのあとのナギの前、波高が2mほど、弱い向かい風が吹く日が理想的だという。

海アメは北海道全域で釣れるが、東部と西部では季節が異なり、ハイシーズンの秋冬は西〜南部、夏は東〜北部がよくなる。

特に、日本海側の島牧村の海岸では、サーフに立ち並ぶ釣り人が冬の風物詩となっている。

ルアーセレクト

ハードルアーを使用し、28 ～ 80g のメタルジグ、ロングスプーン、ロングミノー、ジグミノー、シンキングペンシルあたりを備えておく。サーフやゴロタでの使用が増えるため、ロングミノーはヘビーシンキングタイプも持っておくと波の上下動に合わせやすい。大きいエサを食うケースが多く、ルアーは 17㎝前後でも大きすぎることはないが、渋い日にはサイズを落とすのがセオリーの 1 つだ。

⬅メタルジグ、ロングミノーはともに細身のシルエットに高く反応する

⬆メタルジグは 28 ～ 80g までの幅で 50 ～ 60g の使用頻度が多い

基本タックル&基本釣法

ロッド：海アメマス専用ロッド 9 ～ 12ft
リール：PE1 号が 250 m巻けるリール
ライン：PE1.2 号
リーダー：PE3 ～ 4 号+フロロカーボン 8 ～ 10 号

◉タックルはスピニングと考えてよい。しかも、遠投が利くバランスを考えておきたい。海サクラマスよりもワンランク太いリーダーを使うため、ミチイト（メインライン）とリーダーの間にスペーサーと呼ぶつなぎを入れる。スペーサーは PE3 ～ 4 号、メインラインは PE1.2 号前後。近めは軽めのジグもしくはジグミノーから様子をみて、その反応次第でメタルジグの遠投による沖のリサーチを開始する。

⬆タックルは専用がベストで、ショアジギングやヒラスズキタックルも使える

ステップアップ

海でサケ·マスをねらう際、ジグやジグミノー、ロングミノーなど使うルアータイプにかかわらず、フックはすべてシングルにしておく。これは、魚へのダメージを考えてのことだが、北海道などではイカリバリによる引っ掛けが禁止されており、スレ掛かりの可能性があるトレブルフックは避けている。

⬆干満による潮位変動に伴う地形や水深、ひいては釣り場の条件の変化がヒットの確率にも関係する。その点ではヒラスズキと共通している

My Keyword

自分で発見した秘訣をメモしておこう

春
夏
秋
冬

ホッケ

こんな魚

分布：本州中部以北、主に北日本／産卵期：秋／ベストシーズン：春と秋／食性：雑食性が高い／釣法：ソフトとハードの双方のルアーで成立／釣り場：岸（磯や堤防）、沖

ホッケはこんな釣り

春の到来とともにシーズンが始まり、ルアー、エサ釣りともにみんなが楽しみにしている北の筆頭ターゲット。ホッケはクロダイ同様にエサ釣りでも根強い人気を誇っているが、どちらもルアーには良型がヒットしやすい。根魚にして泳ぎ回る魚だというところがルアーゲームのバリエーションを広げている。

釣　法

ソフト＆ハードルアー

使えるルアーがワーム、プラグ、ジグ、スプーンと多彩

3大要素

- ●アミパターンならJH＋赤系2inワーム
- ●小魚パターンなら2inミノーやジグ
- ●中層だけでなく上層にも探りを入れる

尾ビレの形状に注目

アイナメもエサをよく追うことで知られるが、ホッケはそれをも上回る追いを見せる。

そんなふうにルアーへの反応がよいため、多くの釣り人が好感を抱いている。

それだけルアーを追うということは、泳ぐ能力がある証拠で、その理由が尾ビレの形状によく表われている。

ホッケの尾ビレを見ると、二叉に切れ込んでいる。これは回遊魚のアジやヒラマサのそれに近い。

根魚の多くは、ハタ類がそうであるように尾ビレの末端が真っすぐ終わっている。

形状の違いはそのままスピードとパワーに置き換えられる。即ち、ホッケは根魚でありながら泳ぎ重視、スピードが持ち味の魚なのだ。

海アメマスや海サクラマスをねらって、メタルジグ、ジグミノーで速い巻き取りで探っているとき、上層であるにもかかわらずホッケがよくヒットするのは、泳ぎが得意なことを物語っている。

それだけに遠投が重要になったり、ルアーを引く層が違うと釣れなかったりする。

それでも、春と秋だけではなく周年ねらうことが可能で、日中も夜もできるため人気は衰え知らずだ。

⬆細長いメタルジグにヒットしたホッケ。ときにはジグのシルエットが明暗を分けることもある

➡ホッケが回っている釣り場はエサの人も大変多い。その中に紛れて釣るときは、マナーとしてちょこちょことアミを撒きながら釣る

⬅タックルは遠投がしやすいスピニングでよく、アイナメ用で充分代用可能

ルアーセレクト

泳がせるのを主体に構成を考えるとジグヘッド＋ワームを充実させておきたい。さらに、春のアミパターンなら2～3gのジグヘッド＋細身で赤系カラーの2inストレートワームは必携。サケの稚魚を食っているなら2inのヘビーシンキングミノー、ジグヘッド＋シャッドテールワーム、10g前後の細長いシルエットのメタルジグ、スプーンがいい。反射も効くのでブレードも持っておきたい。

基本タックル＆基本釣法

ロッド：ロックフィッシュロッド7～9ft
リール：PE0.8～1.5号が200m巻けるリール
ライン：PE0.8～1.5号
リーダー：フロロカーボン4～5号

◉魚の見た目もだが、使用タックルや基本釣法もアイナメと重なるところが多い。ベイトタックルは太く、スピニングは遠投用や細仕掛け用としてよいが、海底をコツコツ叩き続けるのではなく、泳ぐ相手ゆえ、アイナメで使うスピニングタックルにPE0.8～1号で代用可能。遠投を心がける。あとは基本的に投げたら着底に続いて巻くだけでよい。浮いていれば着底も不要だ。

⬆ジグヘッド＋ワームをただ巻きするだけでもよい

➡ワーム、メタルジグはマストアイテム

ステップアップ

大きな群れで移動するため、群れの大きさは釣果の多さに比例しやすい。泳ぎ回るところ、雑食性が高いところがさまざまなルアーの選択を可能にしているが、裏返せば偏食時はヒットルアーが限られ、それを見つけるのに手間取ることが否めない。ルアーの種類なのか動きなのか、現場で逐一試せるかが鍵だ。

⬅夜は比較的警戒心が薄れ、総じてルアーの選択肢が多くなり、巻きスピードも遅めでもルアーが見切られにくくなる

My Keyword

自分で発見した秘訣をメモしておこう

ジンドウイカ
（ヒイカ）

こんな魚

分布：全国／産卵期：春～夏／ベストシーズン：冬／食性：小魚、プランクトン／釣法：エギングやスッテとの複合仕掛けで成立／釣り場：岸（岸壁、堤防）

ジンドウイカはこんな釣り

体長は８～12㎝。これでも立派な成体で、アオリイカやケンサキイカと同様にどう猛な性格で擬似餌によく反応し、釣り場に入っていれば短時間で手軽に数釣りが楽しめる。日中も釣れるが、ポイントを絞りやすくイージーに釣れるのは夜だ。降雨で真水が海面を覆うと釣れにくくなる。

釣法

ライトエギング

冬の近場、明かり灯る静かな夜の港で熱くなる

3大要素

◉餌木単体と複合仕掛けで効率的に釣る
◉２タックル or ２人で役割分担
◉夜は明暗は可能性をてきぱきと選別する

可能性の排除＝消去法で答えを出す

指がかじかむ冬の夜、修行のように長時間向き合っていないとアタリを拾えない釣りもある。かと思えば、家に近いところで気軽にできる釣りもある。仕事帰り後の夜、あるいは帰宅途中でも可能なのがジンドウイカ釣りだ。

釣りの際に考えておきたいのは、ポイントの深さ、遠さ、餌木の大きさ、カラーの濃淡の４つだ。釣り始めの時点では、これらの４項目はあらゆる可能性を残している。

そして効率的に探るには、各項目ごとに４方向からチェックすることだ。それぞれに、「近くにいる。浅いところに浮いている。大きい餌木でも反応する。派手な色は関心が強い」という具合に、釣りながら当たりをつければよい。

ジンドウイカが都合よく見つかれば申し分ないが、なかなか反応しないと答えも出にくい。そんなときは「遠くにはいない。深くない。餌木の大きさは関係ない。地味な色では釣れない」と可能性を排除していくと、残ったのがヒットのルートである。こうするといち早くヒットパターンに辿り着ける。

ジンドウイカは、刺身、煮物、揚げ物など幅広く調理できる。晩酌の肴にも最高だ。

餌木セレクト

用意する餌木の号数は1.5～2.5号で、主力になるのは1.5～1.8号。さらに、餌木と極小スッテの2段構えでねらえる市販仕掛けも便利かつ効率がよい。サオはアジ・メバル用ロッドを使えば軽量餌木でも飛距離が出せてサオ先の感度もイカに適している。カラーは目立つものから試すのが基本だ。極小スッテを用いる場合は、下に位置する餌木とカラーを変えておくと効率がよい。

⬅使うのは小型の餌木及び餌木と合わせて使う極小スッテ

➡ケンサキイカやジンドウイカ専用ともいえる小型のスッテ

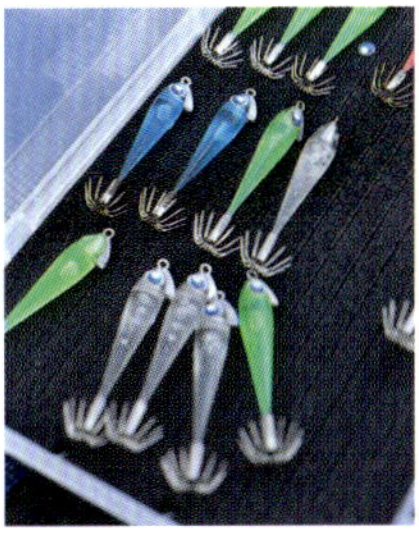

基本タックル&基本釣法

ロッド：アジ・メバル用ライトゲームロッド 6～7ft
リール：PE0.3号もしくはフロロ1号が100m巻けるリール
ライン：PE0.2号もしくはフロロ0.8～1号
リーダー：PEはフロロカーボン1.2号を結ぶ

◉夜の外灯周りがポイントになるため、その明部と暗部を探る。夕方に外灯が灯ってすぐだとイカはまだ下層にいるが、時間が経つとプランクトンが明かりに寄り、それをねらってイカも上層に浮いてくる。イカの居場所がはっきりし、餌木にもいい反応をするならば餌木単体で釣ってよいが、いる層がわからなかったり、小さい擬似餌にしか反応しないときは餌木＋極小スッテの仕掛けが有効だ。

➡タックルは断然アジ・メバル用ロッドがいい

ステップアップ

よく釣る人はタックルを2組用意し、餌木単体と餌木＋極小スッテの複合仕掛けを初めから準備しておき、どちらによく反応するかを見極め、有利なほうに絞る。前者は遠投性と手返し、幅広く探るのが得意で、後者は定位する層とよく反応するカラーを短時間で見極めるのに役立つ。2人で役割分担してやるのもよい。

⬅暗くなったあと、2段構えの複合仕掛けで2ハイ掛けた釣り人（右頁写真とも、写真提供：ヤマリア）

My Keyword

自分で発見した秘訣をメモしておこう

ケンサキイカ

こんな魚

分布：東北〜九州南部／産卵期：春〜夏／ベストシーズン：冬と春／食性：小魚／釣法：イカメタル、スッテ、エギング／釣り場：沖、岸（主に堤防）

ケンサキイカはこんな釣り

枝スを多く出すプラヅノ全盛期は漁的な趣が強く、これはこれでベテランを引き付けるが、メタル製のスッテをひとつに浮きスッテや軽い餌木を合わせる釣り方だと細いタックルで楽しめる。こうすることで釣りの趣が増し、未経験者でも楽しく釣れる。タイラバ同様に気軽に入門できる釣りだ。

釣法

デイゲーム

オフショアとショアでは釣期が異なる

3大要素

- ◉デイはボトム撃ちに徹する
- ◉疑わしきはアワセを入れる
- ◉スッテ2個使いで役割分担

沖のデイゲームは最近広まった

イカメタルもしくはひとつスッテと呼ばれているのは、元来役割分担して使われていたスッテとオモリが1つにまとめられたことによる。

金属製のスッテを使えば、海底に届けるのもイカを釣るのも1個で2役をこなしてくれる。

かつてはスッテをいくつも付けて釣っていたが、1つに絞ることでゲーム性が高まった。

さらに、夜焚きと呼ばれ、夜に出船して漁り火を灯して釣っていたスタイルが長く続いていたが、日中に出ていくスタイルも広まり定着した。

夜と日中の釣りの違いは、ヒット層に顕著に表われる。日中は底一辺倒と断言してもよいほどだ。これにはイカの習性が関係している。

ところで、これらは沖釣りの話で、確かにケンサキイカは船釣りのイメージが浸透している。しかし、九州や山口県西部から山陰にかけてはオカッパリでも実績が出ている。

オカッパリはまだまだ日中よりも夜のほうが釣果は堅く、時期も冬から春にかけてと沖釣りとは異なっている。しかし、それでも明るい時間帯にヒットすることもしばしばあるため、今後はそこに開拓の手が入る可能性が残されている。

⬆浮きスッテ。その名のとおり、水中で浮こうとする動きを取る

⬆メタル製のスッテを抱いてくるか上の浮きスッテを抱いてくるかによって、ヒット層や浮き姿勢、カラーの傾向などを見抜くようにしたい

⬆タックルはスピニングもベイトも使われる。スピニングは海底を重点的に釣る際にライン放出がスムーズなところが向いている

ルアーセレクト

水深に応じてまず重さを決める。45mなら45gが基本で、あとは潮流に応じてプラスマイナスさせて絞り込む。カラーにも配慮し、こまめに変化させて食いを持続させるのがセオリーだ。下に位置するイカメタル（ひとつスッテ）の上に浮きスッテをセットするのも有効で、むしろ最近はこの2段構えのリグが一般的。上下2段でヒット層やヒットカラーの絞り込みがしやすい。

基本タックル&基本釣法

ロッド：イカメタルかひとつスッテ専用ロッド5～6ft
リール：PE0.8号が200～300m巻けるリール
ライン：PE0.4～0.6号
リーダー：フロロカーボン２～３号
（リーダーの下に市販の専用リーダーをセットするとよい）

◉ひとつスッテやイカメタルと呼ばれるが、釣法は同じなのでロッド選びで迷わないようにしたい。デイゲームで釣るのが広まったのは最近なので、今後の伸び代はあるものの、デイゲームの基本は底ねらいである。夜行性のイカに対して明るい時間帯に底でまとまっているところを直撃するのがデイゲームの構図だ。ねらう層がはっきりしているので、あとは微調整が釣果を伸ばすコツになる。

➡左の２つがメタル製のスッテで、中央はその上にセットする餌木。餌木の代わりに浮きスッテでもよい。右端はこの釣り専用のリグ

⬅メタル製スッテは水深に応じて使い分けるが、40～100gを使う場合が多い

ステップアップ

アタリを取り逃さないのがこの釣りの要点。アタリは通常引っ張られるものが多く、釣り人もそれを待っているところがあるが、この釣りや渋い時期のアジ･メバル、アオリイカのティップランでは引っ張られるばかりではなく、張っていたラインが抜けて軽くなるアタリもよくある。これを抜けアタリ、オフのアタリという。

⬅繊細なアタリをいかに取れるかで釣果に差が出るのがこの釣り。抜けアタリが取れるようになると逆に痛快であり、まさにそこがこの釣りの醍醐味の１つ

My Keyword

自分で発見した秘訣をメモしておこう

釣りあげたイカはこうして一時的にケースにプールして生かしておく

釣　法

ナイトゲーム

夜風に吹かれて満喫する夏の風物詩

パッタリ釣れなくなったら……

夜に釣っていると、途中でパッタリ釣れなくなることがある。タナの変化や明かりからはぐれたりするためだが、暗部に引きこもったときは魚食魚がイカを食いにきたという可能性が高い。そんなときは釣ったイカをハリに掛けて泳がせるとマダイが釣れたりする。

⬅現在の漁り火は電球。ハロゲン球のほかHID球やLED球がある

船にも明暗がある

現在の漁り火は電球。強烈な明るさで海面を照らすが、船の真下は暗部になる。また当然光から遠ざかるにつれて徐々に暗くなり、やがて暗部になる。光に集まったエサを食いにイカが浮いてきたときに、明暗のどこに位置取るかを常に意識しておきたい。

⬅夜焚きの光景は夏の象徴

釣力 UP のヒケツ

追い食いさせるかさせないか

下にメタル製スッテ、上に浮きスッテもしくは小型餌木という2つのハリがあるため、乗りがよい日は両方に掛かるのが珍しくない。1つに掛かったあと、少し待っていれば2つめにも乗ることがあり、数が伸びる。しかし、待っていると逆に先に掛かったイカが外れることもある。乗りが悪い日ほど、1パイ掛かったら、その都度回収したほうが結果的に好釣果になりやすい。

⬅いち早くヒットパターンを見抜いて〝量産態勢〟に入った釣り人

夜は夜の基本アリ

底を直撃し、海底からほんの少しだけ浮かせた層を釣っていくデイゲームと違って、夜は漁り火を灯すのとイカが活発に動く関係から遊泳層が変化しやすく、釣れる層が少しずつ上ずっていく傾向にある。

そのため、釣り始めは着底からスタートするのがセオリーであっても、その後はイカの層に応じて中層でとどめたり、上層に絞ったりする。それが数釣りの第一歩だ。

つまり、変わりやすいイカの層を逐一把握し続けることが夜の基本であり、把握するには色分けされたラインを活用して、イカが何色のラインにいるかを覚えておくことが欠かせない。

ラインの出が数値表示されるカウンター付きのリールや電動リールを使うと正確さが増す。その点を含めると夜のタックルはベイトのほうが向いている。

エキスパートの視点

枝スの長さ調整

市販仕掛けは枝スの長さが決まっているが、自分で仕掛けを作ったり、枝スを結ぶ人はその長さを調整できる。枝スが長いとフワリと動いたり、流れが強いときはたなびいたり、沈下幅が広くなる。対して短いと機敏に動く。よく釣る人は流れの強弱や抱き具合からより掛かりやすい長さを考えている。

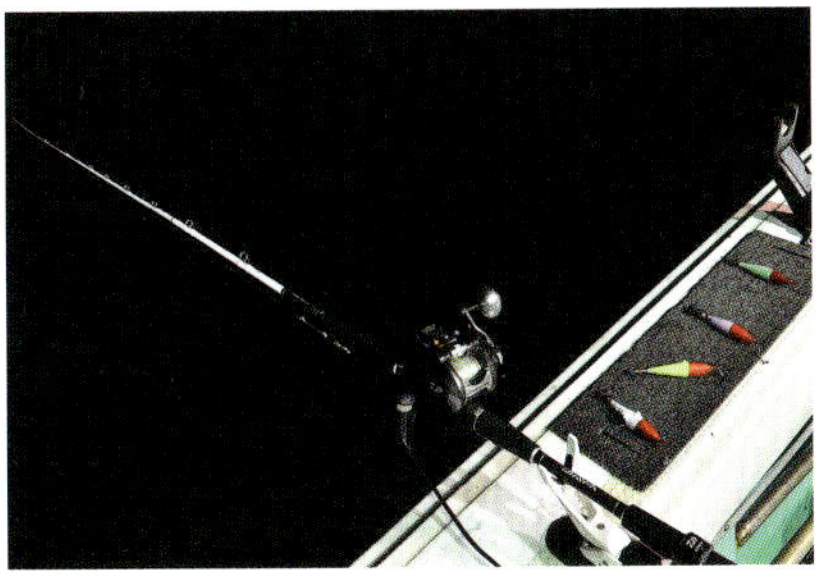
⬆電動リールの使用もアリ。深場でも楽なのはもちろん、ヒット層を正確に釣り続けられる

夜ならではの魅力も

闇に覆われた沖で漁り火を焚くとプランクトン、小魚が集まり、それを食べにフィッシュイーターが集まる。それは何もイカに限った話ではない。カニ、シイラ、カナトフグ、アオリイカなどなどさまざま集まってきて、時にはヒラマサなども姿を見せる。カニはタモですくえるし、アオリイカだと3.5号あたりの通常のエギングで使う餌木に交換すれば掛かりやすい。明かりに照らされた一画だけ食物連鎖の劇場になっている。

ヒットパターン

基本的には仕掛けをゆっくりと持ち上げたら落としてアタリを待てばよいが、慣れてくるとさまざまなアクションを加えたくなるのが心情で、それが功を奏するケースもしばしばある。その場で小刻みに震わせたあとにピタリとサオ先を止めたり、腕を伸ばして目一杯に高く上げたあと、イトを張らずに自然に落としたりなどなど。仕掛けを持ち上げたあと、落とさずに上げた地点で待つというのもある。どれにイカがいい反応を示すを知るには、誘いのレパートリーが多いほうがよい。夜は底スレスレをねらう日中よりもヒットパターンが多いようだ。

明暗の境界……夜に釣る場合、プランクトンや小魚を寄せる光は重要な働きをしている。イカ釣りのほか、メバルやアジ、タチウオ、シーバスにおいて格好のポイントを作り、明部、暗部、その境界のいずれも探るようにしたい。

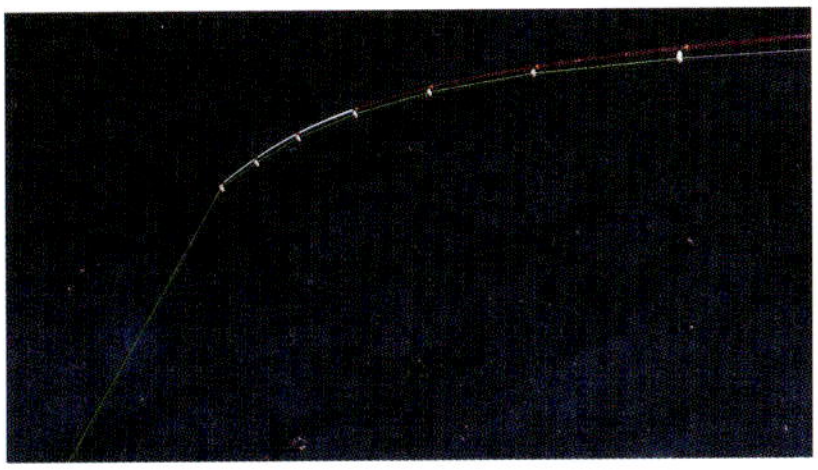
⬆穂先の感度はとても重要。渋い日は穂先のちょっとした動きで掛けていく

イカが浅い層に浮けばそれだけ手返しも速くなり、釣れるテンポも速くなる。こうなると数釣りに結びつきやすい。

一方、デイゲームではより速く仕掛けを底に届けるほうが効率的であるため、スピニングタックルを選ぶのもよい。

また、夜に釣っていると一時的に釣れなくなる場面に出くわす。これは、前述のイカの層が変わりやすいことや、イカが漁り火とはぐれてしまうことに関係している。

こうなると、ふたたび着底から探り直すほうが早道だったりする。

そのほか、上下2段にハリをセットしていると2ハイ同時のヒットを期待して追い食いを待ったりするが、盛んに乗るとき以外は1パイずつ確実に取っていくほうが数は伸びやすい。イカ釣り用の笠バリは掛かりやすいが、イトをたるませると外れやすいので焦りは禁物だ。

釣法

ショアゲーム

岸釣りは冬から春の風物詩。沖に出ないでよい手軽さが魅力

⬆SLS（ショアライトスッテ）にヒットした良型ヤリイカ

➡ショアライトスッテのイカねらいは、リグの重さ調整によっては強風の状況下の唯一の選択肢になることもある。これはそんな日に釣れた1パイ

釣り場選び

湾口と湾奥の評価

ケンサキイカ、ヤリイカ、スルメイカがよく出没するのは湾口や水道面。エサが多くて流れも見込め、移動するにも捕食するにも都合がよい。ただし、こうした釣り場の泣きどころは短時間でいなくなりやすい点にある。特にエサを使わないルアー釣りだと違う場所へ回遊してしまいやすい。だからこそ外灯という滞留要素が大きな役割を果たす。一方、イカがベイトについて湾奥に入ることがある。いったん入ってしまえばしばらくとどまるのが湾奥の特徴で、奥行きのある地形ほどその傾向が強い。逆に、イカが入っていないとまったくかすりもしないことがよくある。

➡マヅメ時もチャンスはある。アオリイカをねらって底から釣り始め、中層あたりまで広く探っているとヒットしやすい

餌木は2.5～3号

餌木でねらうメリットは少々風のある日でも釣りを成立させられ、なおかつ3号を使えば広範囲をチェックできる。特に、イカが活動的になる夕暮れは、外灯がまだ完全に機能していないこともあって周辺を回遊していることが多い。そんなときに広く探れるのは強い。2.5号にしても3号にしても、使い方は軽くシャクってゆっくり巻く。ねらいの層まで沈めたあと、最初だけシャクッてあとはただ巻きでもよい。

➡明るい時間帯は広く探ることが大切。また釣り場選びも明暗を分ける

ショアにある2つの入口

岸からルアーでケンサキイカを釣るには大きく2通りの入り口がある。

1つはエギングからの流れで、もう1つがメバルやアジのライトゲームからの流れだ。

岸釣りという性格上、どちらも船釣りと違って釣り場と釣る範囲が限られている。

そのために、基本戦略は高活性個体に照準を合わせるのが正攻法だ。

目下のところ、釣りに本腰を入れるタイミングは夕方に外灯が灯り、それがエサを集めてからだが、シルエットが大きめのエギングはゆっくりと誘うのが基本アプローチで、ライトゲームだとルアーが小さいので速めの誘いで組み立てていく。

同じターゲットなのに、入り口の違いが誘いの違いになるところが面白い。

リグを飛ばす激しいアクションは不要

ライトゲームタックルにリグパーツを利用してイカを釣る場合、リグを飛ばす激しいアクションは不要だ。これはイカに抱かせるハリの部分と仕掛けを飛ばすリグの部分とが分離しているため、激しいアクションをするとライン絡みを起こす可能性があることも関係している。ライトゲームのアプローチでは速い誘いを基本としても、激しいアクションは封印してよい。

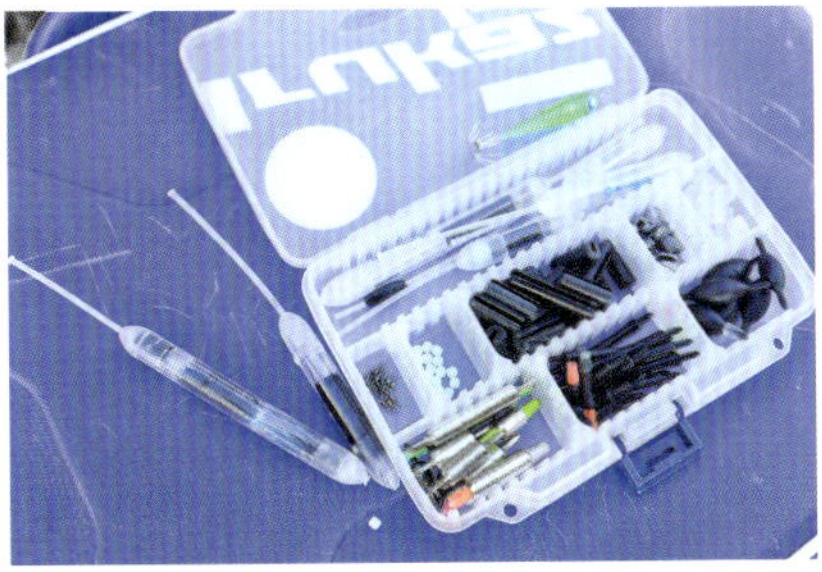

⬆メバルやアジに使うキャロライナリグやスプリットショットリグがイカ釣りにも流用できる

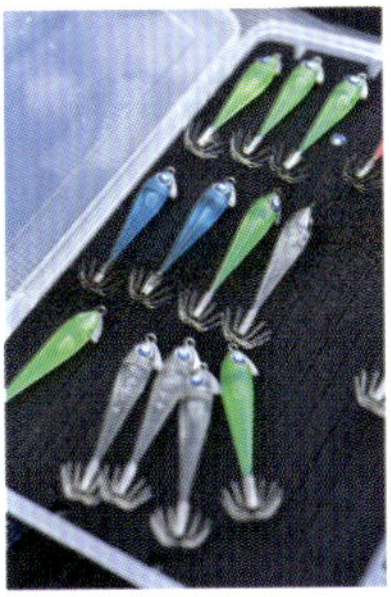

⬆ライトゲーム用として誕生したエギヅノと呼ばれるアイテム。笠バリなのでれっきとしたイカ用

⬆ライトゲームタックルでキャッチした良型ケンサキイカ。しかも日中の釣果だ

奥の手はエサとの複合リグ

餌木を使っても通用しない。ライトゲームでも通用しない。そんなときの奥の手はエサを乗せられる餌木の出番。メーカーのネーミングも邪道餌木とうたっている。上に乗せるのはササミの塩漬け。釣りエサとして売られているほか、スーパーで買ったササミを使って自作してもよい。使い方は、着底スタートからのゆっくりとした斜め引きで、遠投もできるので広い層と広い面を探る。

外灯周りは上からカウントで

餌木にしてもライトゲームにしても、とっぷりと暮れて外灯にエサが集まってからがゴールデンタイム。条件が揃っていると、ベイトだけではなくイカの姿も確認できる。そうした場面では、上層から下層へと探りを広げていくと効率的だ。明るさが残る日暮れの時間帯は着底スタートがセオリーだが、夜は逆だと覚えておきたい。

➡日没から間もなく、3号餌木でキャッチ

⬅こんなふうにハリ掛かりしているとバレにくい

⬆エギングとエサ釣りが合体した餌木は最後の切り札として信頼されている

⬆岸から釣っても良型はこうして拝める

SLS……ショアライトスッテの略。メバルやアジ用のタックルとリグを用い、イカが掛かる先端部分（ハリ）だけをイカ用アイテムに変えてねらう手法。先端を替えるだけで、メバルやアジを釣っていてもイカねらいに切り替えられるのが強み。これらはシーズンが重なっているから一緒にねらいやすい

マダコ

こんな魚

分布：全国／産卵期：春～秋／ベストシーズン：夏／食性：雑食性が高く、死んだエサも食う／釣法：タコ餌木、タコテンヤ／釣り場：沖、岸（主に堤防）

マダコはこんな釣り

エギングのような大きなムーブメントにはなっていないが、昔から擬似餌の対象として親しまれ、関西ではポピュラーなターゲットで不動の人気を誇っている。特に明石は名高い。九州では天草が有名で、震災のときに天草のタコを明石に移した話はタコ愛好家の間では有名である。グワンとした感触が釣趣。

釣法

ボートゲーム

アプローチの基本は ボートと岸どちらも同じ

3大要素

◎ボトムを這わせる
◎引っ掛かるところで止める
◎じっくり待って合わせる

押しも押されもせぬ ターゲット

イカのスミは自分の分身（影武者）で、タコが吐くスミは煙幕。視界を遮った隙に何かに化けて危険をかわす。

タコは忍者顔負けの技を駆使して自然界を生き抜く。

海の賢者とも呼ばれるそんなタコだが、自分の食欲には弱いらしく、動くもの、特に海底を這うようにちょっとずつ移動するものには近づかずにはいられないようだ。

それがド派手な人工物、エサとかけ離れたようなルアー、リアルさからほど遠い一見して偽物だとわかる代物であっても、そっと、ときには素早い動きで大胆にも全身で覆い被さるように抱いてくる。

確かに日によって活性に差はあるが、探っているポイントにタコがいさえすれば少ないなりにタコからのアタリはあり、キャッチも見込める。

数が多ければ、それに伴ってアタリも多くなる。

タコ釣りは東京湾でもオフショアのタコ餌木が人気上昇中。また数でいえば、九州の熊本県天草地方は、ほかのエリアからは信じられないほどの個体数がストックされている。アタリはもちろんケタ違いの釣果がザラにあり、タコ愛好者の間では聖地として崇められている。

⬅タコ用ロッドは底に張り付いたタコと勝負できるように、また太いラインを使えるように粘りがあって強靭な作りになっている

⬆最近のタコエギはこのように盛れるアイテムがセットしやすいように設計されている

⬆沖では良型との遭遇も多いほか、底から浮かせられればよほどのことがない限りバラシはない

ルアーセレクト

各メーカーがさまざまなタコ釣りアイテムを開発し、充実化が図られるとともにジワジワとタコ釣りへの注目度が高まっている。タコ釣り用の擬似餌を選ぶときは、ズバリ目立ってナンボと覚えておく。タコは好奇心旺盛かつ貪欲で、底を動くものは取りあえず抱き込んで捕食しようとする。メインはタコ餌木と考えてよく、これにさまざまなアピール材をセットして反応の違いを見る。

基本タックル&基本釣法

ロッド：マダコ専用ベイトロッド 5 ～ 6ft
リール：PE3 号が 200 ～ 300 m 巻けるベイトリール
ライン：PE2 ～ 5 号
リーダー：フロロカーボン 5 ～ 10 号

◉ PE ラインの太さはそれぞれの考え方や釣り場の条件によって幅が広い。激流では抵抗になりにくい細号柄が好まれ、起伏の激しいところでは太号柄で強引に勝負する。リーダーを使わずに PE ラインを直結する人もいる。アプローチはいたってシンプルで、徹底した底ねらいでズル引きがメインメソッド。ズル引きが止まったところで一旦停止してタコかどうかを確かめる。

⬆タコ餌木単体でも釣れるが、マニアはふさふさしたものやカニを模したラバーアイテム、キラキラと反射する回転板など、さまざまなパーツでドレスアップする

⬅船ではオモリで強制的に底へ届けるだけでなく、ド派手に目立つように 2 個付けもメジャーな戦術である

ステップアップ

底での攻防を制したら取り込める確率は非常に高い。タコの武器は吸盤。要は吸い付くものがあればかなりの難敵だが、それがなければスルスルと上がってくる。ボートだと海底が唯一の決戦場といえる。取り込んだらすぐに袋に入れたり、絞めて動きを封じるほうが無難だ。そうしないといろいろなものに吸い付いたり動き回って時間を取られる。

➡マダコの大好物はカニ。そのほか貝類や死んだ魚も好き

My Keyword

自分で発見した秘訣をメモしておこう

釣　法

ショアゲーム

周年でき、季節ごとの魅力もあり、シケにも強い

⬆タコ釣りのルアーは大きく分けてタコ餌木(左の３個)、タコテンヤ（右下）があり、スピナーベイトタイプ（右上）のものも登場している

岸釣りの要

　岸釣りでタコ餌木を選ぶときの理想は、ハリ先が海底から少し浮いたところに位置してくれる姿勢のものである。ハリ先が少し浮いているだけで根掛かりしにくくなる。オモリも岩の隙間に引っ掛かりにくい形状がよい。細長い棒状のものや数珠つなぎになったようなタイプは、すり抜けてくれやすい。しかも、こういうオモリは着底したときがわかりやすいので、テンポよく釣れるところもよい。

岸釣り春夏秋冬

　ボートだとタコシーズンの夏に出船することが多く、それ以外は違う漁に出ていたり、違う釣りものの遊漁船業を営むことがある。しかし、オカッパリは釣り人次第。実際に、タコは岸から周年釣れる。冬はアタリが遠いが、大型が出やすい。春も早春は冬を引きずり、晩春は夏の傾向が出る。夏は少しサイズが落ちるものの数釣りがしやすい。夏、特に梅雨は一定期間ぱったりと釣れなくなることがあるという。秋も夏を引きずりながら数と型を追えるが、気候が過ごしやすいので終日やっても集中力を保てるところがよい。

⬆タコ餌木のいいところはハリ先が海底から少し浮いたところにあって、根掛かりしにくいところ

⬆冬は良型タコの季節

岸の2大アプローチ

　タコ釣りに詳しい人は異口同音に「タコ釣りはいつでもできて、初めて釣りをする人でも手軽に始められるから、人を釣りに連れて行き、そこで本当に釣らせやすいターゲットなんですよ」と言う。

　その大きな理由になっているのは、「岸釣りでありながら、仕掛けを真下に落として釣りが始められる」ところにある。

　確かに、オカッパリのルアーで投げる必要のない釣りはないに等しい。

　海底にタコ餌木を落としたら岸壁や堤防の際に沿ってゆっくり歩き、這わせていけばよい。

　タコがいれば抱こうとするため動きが止まる。もちろん、海底に沈んだ石に遮られている場合もある。タコ餌木の動きを止めているのがタコなのか無生物なのかを判断するために、少しその場でラインの張りを保って

岸の３大ポイント

際、スロープ、沖

岸からタコをねらうときの３大ポイントは、際、スロープ、沖である。タコはスロープの水際からほんの少し先にもいたりする。ちょっとした凹みや溝にも入り込んでいる。スロープが水に入ったところで途切れ、階段状に落差がついていればいるのは濃厚だ。際も多くのタコが住処にしている。身を隠せる障害物が案外多いことと、上からエサが落ちてくるのも多いためだ。特に、漁船が一時的に係留して魚を水揚げするスペースは、雑魚や死んだ小魚、臓物が海に落ちやすい。タコはそれを食うだけでなく、それに群がったカニもねらっている。沖は地形の変化や障害物がポイントになり、大型が単独で縄張りを持っていたりする。

⬆際に落としてゆっくり歩くだけで釣りになる

➡岸釣りの取り込みは抜き上げかタモ入れのどちらかで、もたもたすると際の壁に張り付かれるため注意する

⬆タコは調理法も多く、人気のある魚介類だ。市場価格も安くない

⬆小さなタコも食欲旺盛だ

ココ！ 要注意

タコはイカと違って岸に揚げたあとも動き、逃げようと試みる。そのため、その動きを封じるが、タコをつかむと８本の足で手に張り付き抵抗する。そこで気をつけたいのはタコの口だ。口の近くに手や指を持っていくとカラストンビ（口先）で噛まれる。激しい痛みだけではなく、出血することもある。吸盤が手に絡みついて厄介なときは、吸盤を指先で強くつまむと相手も痛がって絡めた足をほどいてくれる。

⬆８本の足の付け根にあるのが口。口先のカラストンビで噛まれたら痛いだけではすまない

その後の様子をうかがう。石ならばサオ先に変化はなく、ずっと同じ状態が続く。タコの場合じわりじわりと横に動いていく。タコとわかったら思いきり合わせて巻き取る。

アワセの力を少しでも強く出せるように、相手に悟られないようにイトを巻き取り、合わせたときのサオの軌道が長くなるようにするのも大切だ。

巻き取りでモタつくと十中八九タコに張り付かれる。こちらも必死ならタコも死にものぐるいで海底や付近の障害物にしがみつく。

岸釣りではそれでも引きはがせるくらいのタックルを使うほうが有利なため、タコ専用ロッドにPEライン4～5号を合わせたりする。リーダーは10号前後から20号前後を結ぶ人までいるほどだ。

そのくらいのハイパワーで臨むのは、岸近くは自転車や鍋、電化製品まで沈んでいる場合が

テナガダコやイイダコも

岸釣りではマダコのほかにテナガダコやイイダコもターゲットになる。特にイイダコは使用するタックルやタコ餌木がマダコで使うものよりワンランクからツーランクライトになるが、それでも海底に張り付く習性は同じゆえ、油断はできない。

➡ケンサキイカねらいにヒットしたテナガダコ。韓国料理などではおなじみの食材だ

ココ! 要注意

タコには漁業権がある

岸釣りでは、漁港の堤防や岸壁などが釣り場になるのが一般的だ。そこに「タコ釣り禁止」と看板が立っていればわかりやすく、看板に従う。漁港単位以外に、「●●市の●●地区〜●●地区の沿岸までタコ釣り禁止」とエリアが指定されたところもある。釣り人にしてみればそれも大変わかりやすくルールに従えばすむ。わかりづらいのは、タコが漁師さんの漁業権の対象となっていてもその告知がない場所だ。そうした告知のない場所でも、もちろんタコ釣りはNGだ。岸釣りでタコをねらう場合はその点に留意しておきたい。

⬆タコはどこで釣ってもいいターゲットではない。その点はよく注意し、わからなければ確認してから釣るようにしたい

目のつけどころ

際をよく見るとロープが何本も海中に垂れ下がり、なかにはしっかりと結ばれているものも少なくない。そうしたロープが作り出す格子状の隙間や空間はそっくりそのままタコの居場所になる。そこで擬態してエサが近くを通るのを待つ。派手な色をしてふさふさと目立つラバーをまとったタコ餌木がツツツと動けば、待ってましたとばかりに襲いかかるのだ。ロープのほか、階段の下の海底も要チェックだ。

⬆タコ釣り愛好者はこうした海中につながったロープは見逃さない

あるからだ。対障害物の観点からも太仕掛けのほうが釣りを続行しやすい。

そのくらいだとタコを引きはがせる。

ときには岩をつかんだまま抜き上げられたタコを目の当りにしたりする。

タコのアタリかどうかを見極めるのに最もわかりにくいのは、海藻とロープだ。

どちらも海中で揺れるため、それがタコの動きと似ていて紛らわしい。

たとえ海藻でも、釣り人はタコと思って合わせてみてよい。しっかり根を張った海藻でも岸釣り用のタコタックルならばタコ餌木をロストすることなく回収できる。

初めての人でもハマる可能性が大きいというのは、アタリの主がタコとわかったときのドキドキ感だという。

際を攻めたあとは、同じ要領で沖に探りを入れる。

ルアーフィッシング
の
予備知識

～抱きがちな疑問とそれに対する考え方～

よくある質問 etc. 01

専用ロッドじゃないと釣りができない？

結論を先にいえば代用ロッドでも可能だが、無理なジャンルもある。できれば専用ロッドが望ましい……、こう書くと月並みなので補足したい。

ルアー釣り全般のロッドの長さを考えると、短くて5ft～長いもので15ft前後。15ftのロッドは、ある意味特殊で唯一無二の存在である。11ftまでは各メーカーから各種さまざま、12ftになるとめっきり減り、13ft以上はさらに少ない。

長さにまつわる背景はそんなところで、ほかには硬さ、調子がある。穂先（ティップ）がソリッドかチューブラーか。穂先の細さ、胴（ベリー）、元（バット）の太さ、芯（ブランク）の厚み、カーボン含有率や弾性率、グリップの長さ、ガイドの高さや材質も考慮の対象だ。

こうしてみるといろいろあるが、端的に「穂先の細さと調子と全長」を判断材料に、この3要素が似ていれば代用ロッドになり得る。扱えるルアーの重さ、感度、アワセの利き具合、サオの曲がり具合が似てくるからだ。たとえば、タイラバロッドはタイジグやSLJに代用可能だし、エギングロッドはワインドでねらうタチウオロッドとしても使える。イカメタル用やティップラン用やメバル用もSLJに使える。ドンピシャでなくても「ちょっと軟らかさが違うけど、このくらいならできなくはないか」というのもある。

ただしやがて、「もうちょっと硬さが……長さが……グリップが短いほうが……」と物足りなさが出てきたりする。そして結局は専用ロッドを購入する。

専用ロッドを買う際も、大半の人が上位機種にすべきか、中級から入門モデルで事足りるかを考えてしまう。1つだけはっきりいえるのは、上位機種を買っておけばなんの不満も出るはずがないということだ。どちらにしようか目まぐるしく迷うところが楽しいというのもある。

かつては多くの人がシーバスロッドやバスロッドを代用していた時代があった。見方を変えれば、現在は釣りが細分化されたぶん、似通ったサオを見つけやすいといえる。

一方で、一口に専用ロッドといっても、こと細かに分類されている場合もある。バスロッドはその好例だ。ショアからの青もの用ロッドにしても、プラッギングに適したものとジギングに適したものとがあるほどである。専用ロッドならすべてうまく収まるというものでもない。

ロッド各部の名称

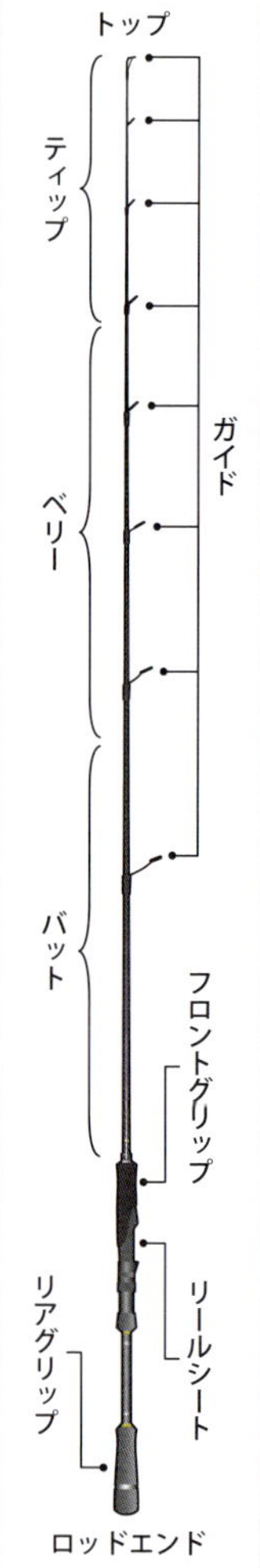

よくある質問 etc. 02

スピニングロッドとベイトロッドはなぜある?

現在のところルアーロッドはこの2タイプで落ち着いている。その理由は、単純にスピニングリールとベイトリールがあるからということになる。2種類のリールに合わせてロッドも分かれているというわけだ。

　これらのロッドの違いは、リールをセットするリールシートにはっきりと出ているが、ほかにガイドの大きさもはっきりと変わる。そうした違いはもちろんリールの特性を反映させたものだ。ベイトリールはラインが真っすぐ出るため、大きなガイドの必要がない。さらに太いラインが扱いやすいので大きなルアー(重いルアー)やパワーファイトがしやすく、大ものに照準を合わせた設計にしやすい。極端にいうとペナペナのベイトロッドは少なく、棒を持つような感触を覚えるものが多い。

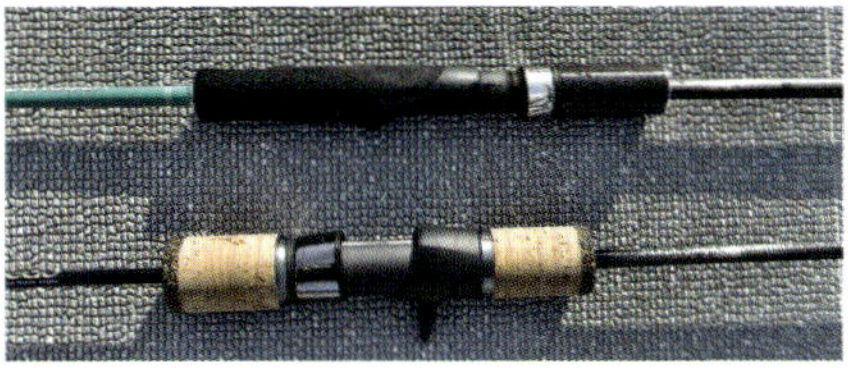

⬆上がスピニングロッドのリールシートで下がベイトリールのリールシート

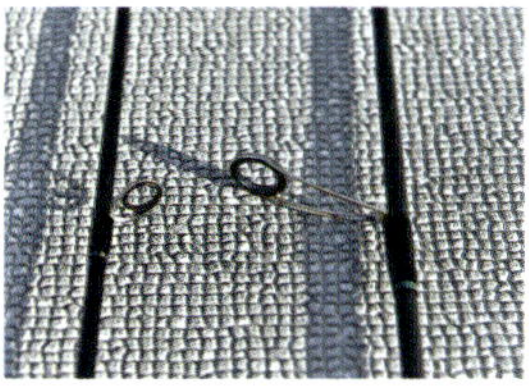

⬅右がスピニングロッドのガイドで左がベイトキャスティングロッドのガイド

　ベイトリールはほかにもコントロール精度の高い投入が容易で、片手の操作を想定しているものも多い。ラインの出し入れもワンタッチででき、細かいルアー操作が要求される釣りにも向く。これまたバスフィッシングはその好例だ。

　となるとベイトロッドにあまり長いものは向かないようにも思え、6~7ftが使い勝手がよく感じられる。だが最近は製竿技術が向上し、9ftを超えるシーバス用や、10ft以上の大型青ものを釣るためのロッドにまで採用されている。海底をコツコツと叩く根魚釣りには抜群の相性だ。リールの製造も進化しており、軽いルアーを投げてもトラブルにならないベイトリールも充実している。繊細な仕掛けを使うメバルやアジ用のロッドに、ベイトタイプが登場したのもその流れである。

　ベイトリールの弱点はルアーを投げるときにラインの放出をコントロールしないとイト絡みを起こすところだったが、ベイトフィネスと呼ばれるモデルによって、釣り人はイト絡みのストレスから解放されつつある。

　ルアーを投げる必要が少ない船のルアー釣りで、ベイトロッドが充実しているのは自然な流れである。ベイトリールは巻き上げる力があるため、沖の大ものの釣りにもよくマッチする。

　片やスピニングロッドにセットするスピニングリールは、扱いが楽で、大きな負荷がラインやリール本体にかかったときにイトが滑り出るドラグを精密に作れるため、これはこれで普及しやすい条件が揃っている。

　どちらのリールにも慣れ、扱えるようにしておけば状況に応じて快適な釣りができる。

　つまるところ、2タイプのロッドがあるのはそこに尽きる。

イトが巻ければリールはなんでもよい？

⬆リールの大きさは番号表示される場合がほとんど。番号が大きいほどサイズが大きくなる

今の若者は孫悟空の如意棒を知っているだろうか？　若者と表現するあたりからして古臭さが漂い、如意棒を引き合いに出すところも、その2つが一応広辞苑に載っているというあたりも化石に近い引用である。それはともかく、ロッドが如意棒のように伸びない代わりにイトが出て遠くを釣ることは可能である。遠近、深浅も自在だ。

イトには太さがあり、釣り人はねらう魚の大きさによって太さを変える。それだけを考えればリールは投げて巻き取れればなんでもよい、スピニングでもベイトリールでもどっちでもいいということになる。しかしそうはならない。理由は前項でも触れたが、マッチしないものを使ったり、想定外の大ものが掛かったり、間違った使い方をすると、ラインが原状回復できないほど絡んだり、メインの軸が曲げられたり、レベルワインダーやラインローラーが飛ばされたりする。そうならないようにイトの太さだけではなく、釣りものに相応しいリールを使うようにしたい。イトの出を抑えるドラグの調整も不可欠だ。

遠投を繰り返して毎回素早く巻き取る釣り、つまり水平方向の釣りにはスピニングリールが向いている。深いところへ重いものを沈ませて届け、巻き上げる垂直方向の釣りにはベイトリールが向いている。それを基本に、水平方向でも力で優位に立つためにベイトにしたり、垂直方向に探るが少しでもライン角度をつけるためにスピニングで投げたり、少しでも遠くの海底にルアーを届けるためにイトの出がよいスピニングにしたり、投げる釣りでもすごく狭い範囲にルアーを入れるためにベイトにしたりするケースはある。

マダコにはベイトリールが、アオリイカにはスピニングリールが合っている。アジはスピニング、サバはベイトがいい。これらは流行りの謎解き・謎トレではなく、パワー、キャスト、トラブルレスなどを考慮してのことだ。また、大は小を兼ねるということにもならない。リールが大きくなれば重くなり、振り疲れるだけでなく、コントロールも悪くなる。かといって小さくすれば総じてパワーが弱くなるので、さらに気をつけたい。

そもそも30mくらいしか投げてないのに100mもイトを巻かなきゃいけないの？　と疑問が湧くかもしれない。しかし、仮に30mのところで切れてしまった場合は残り70mで、30m投げると40mしか余分はない。リールはスピニングとベイトの種別のほか、イト巻き量、パワー、大きさを考慮して決めたい。

よくある質問 etc. 04

ルアー釣りのほぼ全部がPEラインなのはなぜ？

逆にPEを使わない釣りを挙げてみる。メバル・アジのジグヘッド単体（ジグ単）の際のエステルライン。ハタやアイナメ、ソイといった根魚釣りのベイトタックルに巻くフロロカーボンライン。あとは……ほぼPEラインである。ヒラメ、タコ、中深海や深海のキンメダイ釣りも。つまり投げて水平方向に巻く釣りも、海の深いところに落として巻き上げる釣りもPEラインである。PEラインは細くて強い。この2点は釣りに革命を起こしたといっても過言ではない。

見方を変えて、太くて切れやすいラインを想像してみる。太いと飛ばない。空気抵抗を受けやすいからだ。潮の抵抗もよく受ける。イトフケが出やすくなり、アタリがわかりにくく、合わせてもパワーが伝わらずにハリ掛かりし損ねる。切れやすい釣りイトはもはや論外だ。

伸びやすいとイトフケが出たときと同じようにアタリがわかりづらく、合わせてもフッキングの力が伝わりにくく、ハリ掛かりしにくい。

伸びやすいラインが活きるのは、フッキングが決まったあと、魚を取り込むときの衝撃を緩衝してくれるところだ。伸びるラインでもフッキングが決まるのは巻く釣りで、魚を取り込むときに切れるほどの衝撃がかかるのは波が打ちつける荒磯である。つまりヒラスズキや青もの釣りなら活かしどころもある。伸びるラインの代表格はナイロンだ。

対してPE。PEラインは細くて強く、低伸度。細いと水の抵抗を受けにくい。釣りは飛距離を稼ぐほど有利である。投げたあとに巻いてくるルアー釣りではことさら抵抗が少なく、伸びの少ないラインのほうがハリ掛かりしやすい。小さなアタリもわかりやすい。ただし弱点もある。PEラインはしなやかで風の影響を受けやすく、比重が小さいために浮く。風が吹きつける海面では大幅にイトフケが出やすいほか、フォークボールの軌道のように水中で角度が生じやすい。そうなると感度がよくてもアタリを取りにくくなる。

そんな理由もあって細くて強くてほとんど伸びがなく、抜群の感度があるエステルラインが登場したが、このラインは瞬間的に強い負荷がかかると破断しやすい。大もの釣りには不向きで、メバルやアジのライトゲームの分野にとどまっている。

伸びにくい＝アタリがわかりやすくアワセも利きやすい。細くて強い＝飛距離が伸びるし、大きいのと勝負できる。ルアー釣りは巻いて探る＝イトが張り、一瞬のアタリも見落としにくく、力も伝えやすい。こうした理由からPEがルアー釣りのラインを占めるようになった。ただし、PEラインには先端にフロロカーボンやナイロンラインをショックリーダーとして結ぶのが大前提だ。

仕掛けを流れに乗せて本命がいる層へエサを送り込むフカセもPEになるくらいだが、フカセ釣りはまだまだナイロンラインも多い。そこに学べば、可能性は薄くてもナイロンでポイントに流し込むメバル釣りやアジ釣りも考えられなくはない。

よくある質問 etc. 05

PEの4本、8本、12本ってどう違うの？

⬆太い号数は8本や12本、細い号数は4本や8本が向いている

PEの4本撚《よ》りはメバルやアジのライトゲームやリーズナブルに釣りたい人、さらに多本数で撚られたラインよりも張りがあるため、その張りの感触が使いやすいと感じる人向きだ。PEラインは撚りの本数が多くなるほどしなやかになる傾向がある。それが4本で作られているか、8本か12本かというわけだ。PEはブレイドラインやマルチフィラメントラインとも表現される。ちなみに、これに対してモノフィラメントラインがある。単線だ。ナイロン、フロロカーボン、エステルが相当する。

PEは細イトを撚り合わせることで高強度を獲得し、モノフィラメントラインよりも格段に細い号数でも大型とファイトできるようになり、ルアー釣りを根底から発展させた革新的な産物である。そしてモノ作りに携わる人たちが、何本の細イトで撚り合わせようかと考えるのは当然で、バリエーションが増えるのは自然のなりゆきである。少ない撚り本数のほうが手間はかからず、本数を増やすほど手間も増える。それはコストにも反映される。細い号数のPEを作るには、さらに細いイトを撚り合わせることになる。技術的な難度や、コストも上がる。

極細ともいえる号数なら多少張りがあったほうが使いやすい。そんな理由からメバル・アジなどのライトゲームでは4本撚りとの相性がよい。一方、8本、12本である。しなやかさが持ち味だ。こちらは大型魚の釣りに向く。PEが細いといっても、物体である限り抵抗を受けるのは免れず、太い号数になれば抵抗はもっと受けやすい。しなやかにすることでキャスト時のガイド摩擦が抑えられ、飛距離の確保に貢献する。太いPEならば製造技術や原糸コストの面からも多本数撚りで作りやすい。

逆に、4本撚りの太い号数を大型魚ねらいに使うとイト鳴りが気になってしまう。魚が掛かって巻くときにガイドを抜ける摩擦音だ。音が鳴るほど擦れている証でもある。なぜイト鳴りするかといえば、撚ったときの真円性が関係するようだ。多本数で撚ったほうが真円になりやすい。撚り本数が少ないと角張ったところが多くなり、それらが擦れて音を立てる。その点、多本数撚りは真円に近くなり、擦れるところが少なくなるため音が出にくくなる。真円に近いほうが飛距離も伸びやすくなる。

実際に市販のPEは太い号数は多本数になり、たとえば4本撚りで8号などというのはない。各メーカーはストレスなく使える範囲を検証して製品化しているので、最終的には好みになる。

よくある質問 etc. 06

リーダーの役割、長さや太さを決める基準はある？

　今やPEがルアー釣りのメインライン。PEの弱点は比重が小さく、ナイロンやフロロカーボンに比べて張りが足りないところだ。擦れにも弱い。通常の状態で引っ張るとPE1号はとても手で切れない。ところが輪を作って結び目を作り、それを瞬間的に引っ張ると簡単に切れる。PEにとって擦れと結び目は大敵である。

　ルアーは常に海中にあり、岩礁帯などさまざまな障害物に取り囲まれている。そんなところとの擦れに備えて結束しておくのがショックリーダーだ。長さは、想定できる本命の最大級サイズよりも少し長く取るのが基本だ。魚体や尾ビレとの擦れ対策である。たとえばシーバスなら1m強。魚の習性や引きの強さも関係する。海底近くで掛かり、魚体を岩礁帯に擦りつけるように逃げる魚にはリーダーを長く取るほうがよい。

　沖釣りでも障害物との接触がより多くなる可能性があるもの、投げる必要がないものは長く取る傾向がある。PEの比重の小ささを考慮して、潮に対するなじみ方をよくする目的でリーダーを長く取る場合もある。ただし、投げて誘う釣りの場合はどんなに長くしてもリールのスプールに巻き込む手前までと考えてよい。

　太い号数のイトを使うヒラマサだと、リーダーを長く取るほうが安全だが、長すぎるとルアーの飛距離が落ちるほか、スプールに巻き込みライントラブルの原因になるため、やはり長さはスプールの手前で止める。沖でも岸でもそうだ。

　太さもまた本命の最大クラスの大きさに合わせるのが基本だが、根が荒いところではさらに太くするほうが安心だ。

　ほかにPEの太さとの相性も考慮したほうがよい。細いPEに太すぎるリーダーは、結束しても両者の太さがアンバランスで抜けやすくなる。この場合はスペーサーといって中間に間を取り持つ号数のPEを入れるとよい。

　PEの破断につながる結び目は、キャスト時のガイド抜けなどで発生するためリーダーの長さとは無関係に思えるが、PEとリーダーの結束部分（ノット）がガイドを抜けるときの抵抗によっては、その下のPEラインに結び目ができることがある。向かい風だと深刻なイト絡み（ウインドノット）にまでなりやすい。釣りの途中でたまにラインをチェックするのは実は大切な作業だ。

　結束部分をなるべくガイドに入れないようにして、リーダー部分を長く垂らして投げるペンデュラムキャストと呼ばれる手法もあり、できればそれもマスターしておきたい。この投法は重いルアーを投げるのに適しており、飛距離も稼げる。

　リーダーに使うラインは、水面に浮かせるルアーのときはナイロン、水中に沈めるルアーのときはフロロが基本だ。ただし、水中に沈めるルアーでも、太い号数のしなやかさはナイロンラインが勝り、結束精度が上がるため、ナイロンが使われることもある。

よくある質問 etc. 07

簡単リーダーやテーパーリーダーはかなり使える

　PEにリーダーは不可欠。PEを使ってリーダーを用いない釣りは、水面に浮くルアーを使う淡水のライギョやナマズ釣りくらいである。いや、人によっては海底を探るタコ釣りでもリーダーを使わずにPEを直結する。それでも、PE直結の場合はルアーに結ぶ側のラインを30㎝ほどダブルラインにしている。

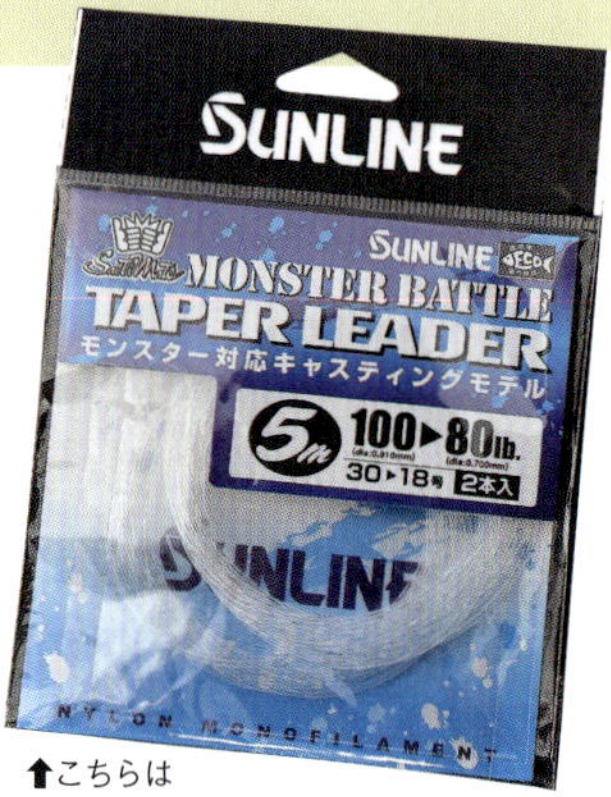

↑こちらはテーパーリーダー

　ルアー釣りの入門書はたいていPEラインとリーダーの結束法を紹介しているものだが、本書では取り上げていない。ほかに簡単に使えてパッと結び終える便利なリーダーがあるからだ。

　メーカーや選べる号数はある程度限られてしまうが、PEに輪を作り、リーダー側は出荷時点ですでに輪が作られているから、その輪と輪をつなぎ合わせれば結束完了である。

　一例を挙げると、細いPEラインを使った沖のルアー釣りの取材で簡単に結べるリーダーが使われていたが、目の前で5kgクラスのヒラマサが取り込まれた。適当に、あるいはいい加減に結ばれたリーダーよりもよほど信頼できると思われる。

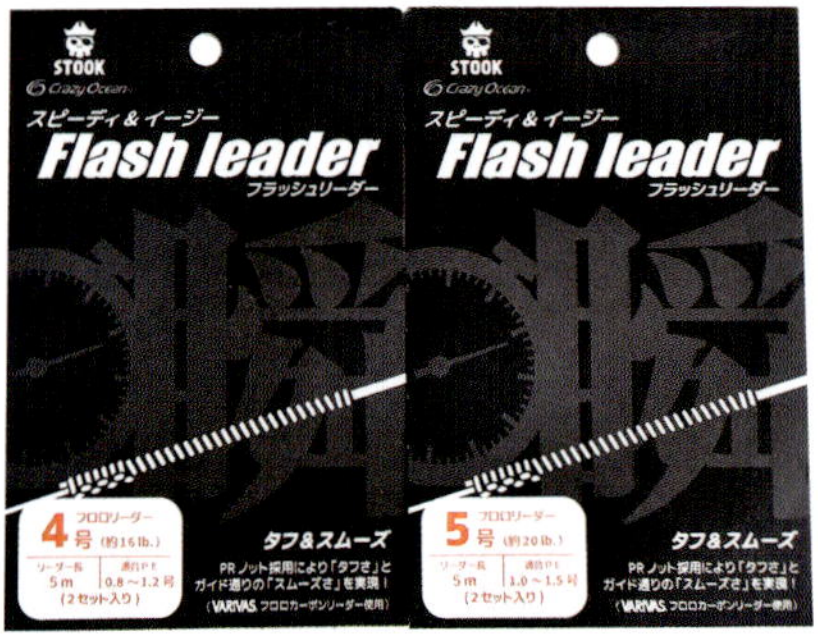

↑簡単に結べるリーダー

　PEとリーダーの結束は、その気になって繰り返さないと精度が上がらない。それは現場に出てぶっつけ本番でやるよりも、自宅で練習するのが望ましい。できれば、対面で誰かに教えてもらえると早く覚えられる。

　慣れて自信が持てるまでは簡単に結べるリーダーは格好のアイテムだ。

　こういう便利さはテーパーリーダーについてもいえる。テーパーリーダーといえば昭和50年代の投げ釣り全盛時代によく見聞きしたリーダーだが、そのよさは飛距離を稼ぐほど有利になるルアー釣りにもばっちりハマる。

　ルアーを結ぶ側は太く、PEに結束するほうは細く設計されているため、空気抵抗を受けにくくなっている。PEとリーダーの太さのアンバランスが原因で起きる結束のすっぽ抜けも解消できる。

　こちらもメーカーと号数はある程度限られてしまうが、ルアー釣りのエキスパートも絶賛する出来になっており、手放せないアイテムになっている。

よくある質問 etc. 08

釣りから帰ったら塩分とサヨナラ

渓流やアユ釣りと海釣りの決定的な違いは、釣り終えたあとの爽快感かもしれない。渓流もアユも緑に囲まれ、涼やかな流れに身を浸し、せせらぎで耳まで心地よくなる。海は、特に真夏の沖磯やシケ気味のオフショア釣行は汗にまみれ、唇を舐めるとしょっぱいときが多い。このしょっぱさは汗でもあり、波飛沫や潮風の塩分でもある。それだけに海釣りの帰りに浸かる立ち寄り温は格別な開放感が味わえる。潮、つまり塩分を洗い流すとさっぱりする。

釣り具も同じだ。海水は放置すると塩の結晶が残る。残ったままだと動きを鈍らせ、傷をつける。最悪の場合は固着し、道具の寿命を終わらせる。海釣りから帰ったら、その日のうちに塩分を真水で洗い流しておきたい。使った道具と一緒にお風呂に入るという人も多い。洗い流すのはサオ、リール、ルアー、フック、ペンチなどの金属類のほか、偏光グラスやPEラインもだ。特に撚りイトで作るPEに塩分が浸透してしまうと厄介だ。色落ちだけでなく、内部で結晶化すると劣化につながり、強度を落とす。

サオのガイドも海水に浸かったイトと接しているので、塩分が付着しているからよく流しておく。あとは握り手のところも流す。流したら乾いたタオルで拭いて陰干しにする。水分が残ったまま乾かすと塗装面を剥がしたり、水泡を作ったりするから要注意だ。

リールはいったんドラグをきつく締め、シャワーを掛け流しながらハンドルを回転させるなどして各隙間の塩分を洗い流す。流したあとは拭き上げてドラグを緩めてスプールを取り外して陰干しする。リールを洗う際はPEラインにもよく水を回して潮抜きする。釣り人から聞いた話で、たぶんジョークだと思うが、熱心な人はPEラインを口でチューチューして塩分を抜くのだそうだ。

そこまでやるのは大変だから(身体にもよいとは思えない)、しっかり水で流し、乾かしたらメンテナンス剤を噴き付けておくのが好ましい。メンテナンス剤は海水を弾いてくれるのでライン内部への浸透を抑えられ、スムーズな釣りに貢献してくれる。

偏光グラスは、温水で流すとコーティングに影響したりするので真水が基本だ。ほかの道具に関しても真水が無難である。

釣りからの帰りが夜遅くなると面倒だが、やっておくに越したことはない。その点、オフショア釣行では帰港してすぐに船のデッキの上や岸壁で、真水で洗い流せるところが増えている。

⬆メンテナンス剤は使ったほうがよい。メンテナンスが行き届いていると釣りもスムーズになる

透湿性防水釣りウエアの洗い方

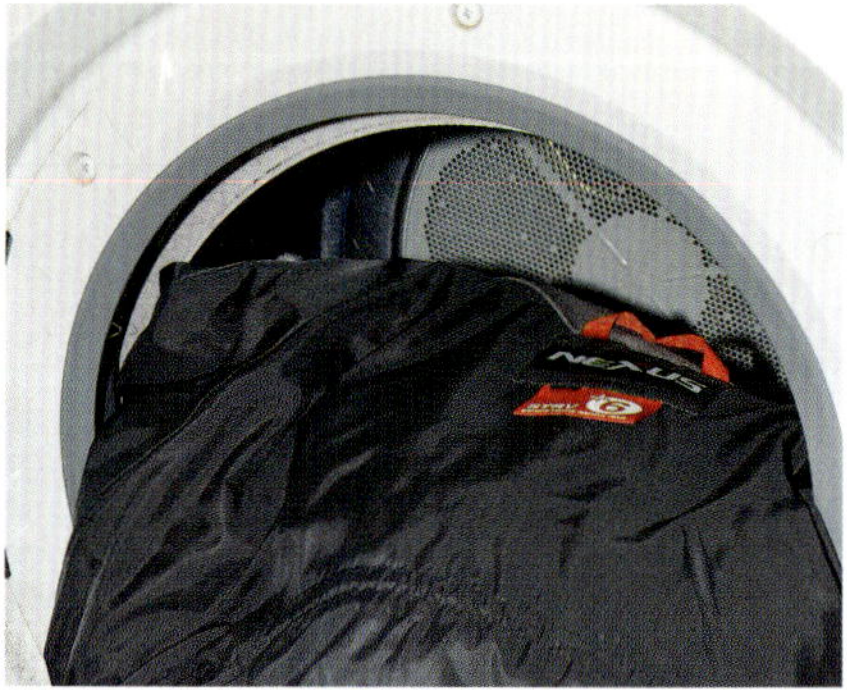

⬆表地を内側にして洗濯するのがコツ

今はカッパとは呼ばず、レインウエアだ。洒落た表現にして気取っているのではなく、雨の日に着る服だ。そのくらい動きやすく、内側も比較にならないほど蒸れにくくなっている。透湿性の点でも防水の点でも格段に進歩を遂げている。もちろん値段もそれに比例し、高級品は買うまでの逡巡がハンパない。だって、晴れていればあえて着なくても釣りはできるのだから……。ただし、雨の日は、「やっぱ買って正解だわ」と実感する。

この透湿性防水ウエア、素材自体の機能は劣化しにくい、もしくはしないといわれている。しかし、魚の粘膜や土、泥、汗の脂、波飛沫といった汚れになるものが付着し、そのままにしていると機能低下や劣化につながる。したがってレインウエアもほかの釣り具同様に、使ったあとはきちんとメンテナンスするのがよい。

最もよいメンテナンス方法は、透湿性防水ウエアを受け付けているクリーニングに出すことで、現在は釣り具店がその窓口になっているところも少なくない。しかし、出せば一定期間預けなければならないし、出費もある。

家庭で洗濯できる市販の透湿性防水ウエア用の洗剤を使うのもよい。それには手洗いが推奨されている。正直なところ手洗いは手間がかかり、やるときのハードルにもなっている。推奨はあくまで手洗いだが、ボトルのラベルには洗濯機で使う場合も案内されていたりする。洗濯機で洗えれば割と簡単である。その際、注意点というかコツがある。

それは表地を内側にして洗うところだ。つまるところ裏返しにする。理由は、雨を除ける生地を表にしていたのでは、脱水のときに水切れが悪いからだ。両袖、両脚の部分は特にそういえる。

脱水時間は短くてよい。できれば2回やり、次は生地をまた裏返して行なうと万全だ。

すすぎも終えて脱水も完了したら、陰干しする。釣り具はみな陰干しだ。乾燥機にかけるのも効果的だ。熱を加えて乾燥させると撥水力が復元するといわれている。当て布をしてアイロンがけするのも同様の効果が得られる。

防水スプレーもよく使われるが、これを使うときはできるだけ吸い込まないようにしたい。室内でやると吸い込んでしまうので、屋外でする。そのときは風上、風下を考えて立ち位置を決めるようにしたい。

周囲に人がいると、その人がスプレーの成分を吸い込むから配慮する。

寒さ対策、暑さ対策

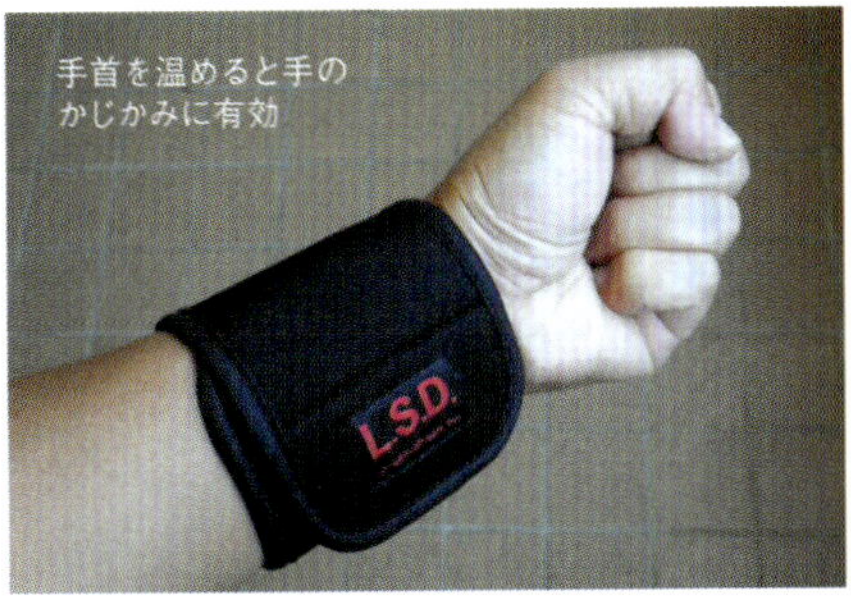

手首を温めると手のかじかみに有効

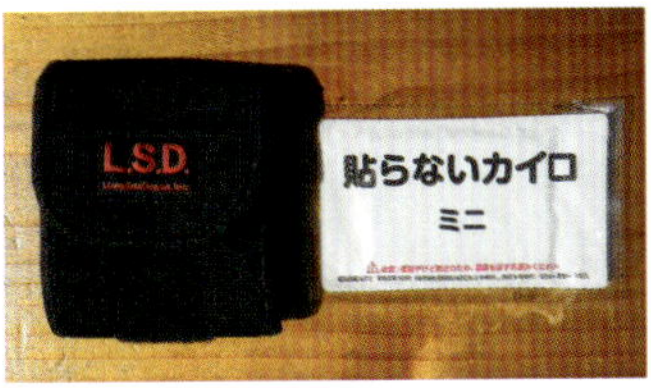

⬅釣り具メーカーから市販されているミニカイロが入れられる手首サポーター

屋外レジャーに暑さ寒さはつきもの。いちいち気にしてられるか！　というタフガイは、令和を迎えた日本ではめっきり少なくなったように思える。今のタフガイは、自分のパフォーマンスをしっかり発揮できるようにレイヤーを考え、ウエアを選んでいる。水分補給、塩分補給を怠りなくやっている。

暑さ対策も寒さ対策も、要所は共通している。太い血管やリンパ節がある股関節、首筋、脇の下の温め、あるいはクールダウンをバッチリ行なう。さらに寒いときは手首にミニカイロが入れられるサポーターを巻くと手がかじかみにくく、動きや感覚を保ちやすい。寒いからといたずらに着込んで汗をかくと、かえって身体を冷やす原因を自分で作っていることになるし、暑いからと脱ぎすぎにも要注意だ。脱ぎすぎには限界があるため、ここは肌の露出と読み替えてもらえれば幸いである。

キャビンがあって荷物も持ち運べる船釣りだと、暑くても寒くても衣類の調整だけではなく、エアコンが効いた船内で温かい飲み物があるなど、対策がしやすい。

だが、沖磯は考えておく必要がある。特に歩きながら釣っていくヒラスズキなどは、厚着していると真冬でも汗だくになるし、春は紫外線が強い。地肌を日差しにさらし続けるとだるくなり、人によっては肌が炎症を起こしてかゆみが出る人もいるため、春でもなるべく肌を出さないほうがよい。ロックフィッシュをねらう夏の磯歩きでも肌の露出は控えたほうがよい。これは転倒時の備えにもなる。

クーラーを磯に上げられるのであれば、中に凍らせた濡れタオルを用意しておき、首あるいは脇の下などを冷やして効果が身体全体に回るようにしたい。また船着けから離れて釣り歩くのであれば、背中にポケットのついたライフジャケットや、15L程度でよいから水分やタオル、着替えなどを入れられるリュックを背負って歩くとよい。真夏の磯は日陰が少ないため、レジャーパラソルを持参する釣り人も多い。それが用意できなくても、ちょっとした日よけになるものを持っておけばずいぶん違う。

最も手っ取り早いのは日傘だ。日傘がなければ折り畳みの雨傘で充分だ。あのちょっとした面積の日陰が、それこそ明暗を分ける。

そもそも ルアー釣り場がどこなのかわからない

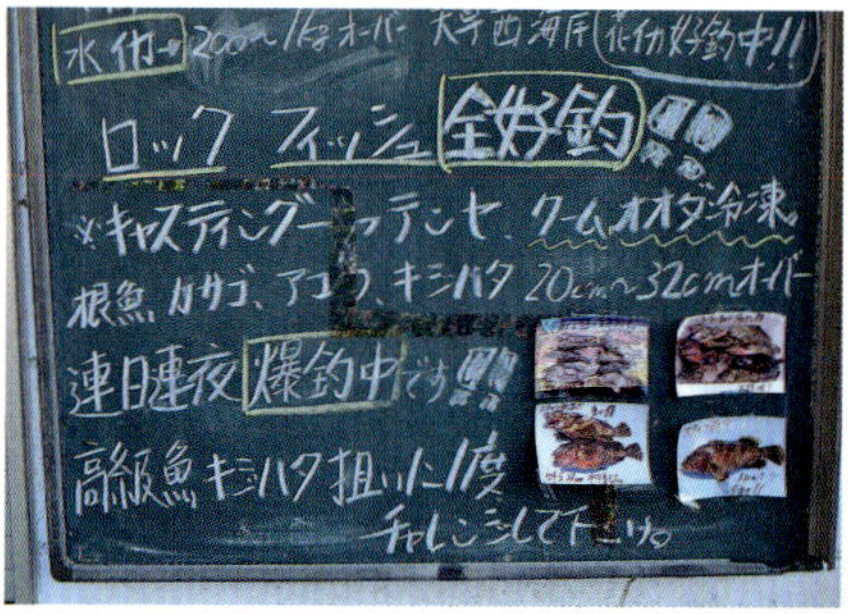

⬆釣れている場所を聞くのではなく、探すのも釣りの醍醐味である。そのためには釣れている釣り場と同じ条件を備えたところを探せばよい

釣りに詳しくないうちは普通に抱く疑問なのに、釣行を重ね、慣れるとこの手の疑問はいつの間にかきれいさっぱり忘れ去っている。釣りを始めた頃はみんなが上級者に見え、それぞれはっきとした対象魚種のために目差す釣り場があるに違いないと思ったりするものだ。しかし多くの釣り人は、ある程度の見当はつけているが、よほど確証がない限り、釣り場はなんとなくしか決めていないのが実情だ。

ルアー釣りはすぐに移動できるところが強みで、「朝イチはここしかない」と確信した釣り場でも裏切られてすぐに退散することもよくある。ルアーの種類やタックルを何組か用意して、ターゲットを定めず、そのときどきで釣れるものを探し歩くのも楽しみ方の1つだ。つまり、どこもルアー釣り場になる。ただ何が釣れるのか、何を釣りたいのか、それを釣るのはどんな条件の場所が合っているのか、どの季節なのか、という組み合わせがおぼろげで噛み合っていない、あるいは持てていない。要は情報量が足りていないのだ。

家の近所の湾内の港湾地帯もハゼルアーの釣り場になり得るし、エサが入ればアジも入ってくる可能性はある。ドライブコースになっている海岸線の道路の脇に広がる小磯ではカサゴが釣れるし、春と秋にはアオリイカが釣れることもある。

デパートにフロアガイドがあるように、釣り場にも釣り場ガイドなる本がある。それを活用すれば誰の手も借りなくてすむ。相当量の情報が収録された釣り場ガイド本は、1冊持っておけば長年活用できる。

本以外では釣り具店で聞く手もある。親切なスタッフなら、そこでの絶対的エースともいえる必携ルアーも教えてくれ、「ああしてこうして使ってみてください」とアドバイスまでもらえることがある。心強いアドバイザーである。

そうした段階で1つホームグラウンドを決めて通えば、いろいろな情報が自然と得られるし、人との出会いもある。そして、少し慣れてくると自分の目で見て「ここは何が釣れそうだ。今年の秋にもう一度やって来よう」と自然にプランが湧いてくる。そんな目で車を走らせると、近場からルアー釣り場なのだということがわかる。大都市なら人の気配が消えた夜間のベイエリアでのねらいはやっぱりシーバスだ、という具合に徐々に季節、時間、魚種が噛み合ってくる。そして、「ここでは●●が釣れるかもしれない」と思ったら、実行するかしないかが大きな分かれ目となる。

ルアーの決め方がわからない

それぞれ魚種ごとにルアー選びの基本はあるが、それだけでは面白みがない。釣りは仕事でも義務でもなく、遊びであり、レクリエーションでやるわけだから、自由でいい。それでも1つ持っておきたいのは、ルアーを闇雲に選んではいないかという視点だ。

「シーバスが釣ってみたくて、ここはシーバスが釣れると聞いたからやって来て、いろいろなルアーを投げてますが、釣れません」。白昼の下でそう嘆く人がいたら、それはルアーの決め方以前の問題というのがはっきりしている。要は釣り場にくる時間帯の問題だ。

それはともかく、闇雲になってはいけないのは次の点である。

ルアーにはそれぞれ潜行深度がある。飛距離の違いがある。アクションの違いがある。それらによって得意とするシチュエーションが違ってくる。そこを現実の釣り場で順当に合わせられれば、かなりターゲットに近づけていると考えられる。あとは釣りをしているときの周りの環境と状況だ。

周辺にライバルが多ければ、少しでも遠くに飛ばせるもの、あるいは人が釣っていないところを探れるものにするのが正解だったりするし、エサとなる小魚がわんさかいるのであれば、あえて大きなサイズのルアーに切り替えて目立たせるのが早道だったりする。

マッチザベイトというが、それも程度問題で、マッチしすぎるとかえって埋没して全然標的にしてもらえないこともある。

もっとも、「この魚種ならこのルアーから」という具合に、サーチベイト役を果たしてくれるルアーを自分なりに決めておくと組み立てやすい。サーチベイトはパイロットルアーと言い換えてもよい。

それに反応しないときはこうする、と考えて、潜行深度、飛距離、アクションを変えて探る。アクションを変える最も手っ取り早い方法はルアーの交換である。よくいわれるとおり、ルアーはまずただ巻きで使ってよい。

ルアーごとの強み、威力を発揮するシチュエーションが把握できているのであれば、潜行深度、飛距離、アクションといった段階を踏まずに、ダイレクトに正解と思えるルアーを投入すればよい。

もっとも、釣りが難しいのは、どこに投げ、どういうコースで、どの程度の巻きスピードで引いてくるかで反応が変わるところではある。

➡このルアーがよく釣れると評判のルアーは確かにある。だが、同時に適したシチュエーションもあると思いたい。いつでもどこでも通用するというものはなかなかない。だからこそ自分がそれぞれのルアーの個性を知ることが大切だ

ラインは消耗品だが、すぐに捨てないこと

PEラインがルアー釣りで使われるようになってラインの交換頻度は減っている。ナイロンラインがメインラインだった時代は、1回の釣行で交換するのはよくあった。ナイロンラインは軟らかく、傷が入りやすいばかりか紫外線で劣化する性質があるところも関係していた。その点、PEは細くてしなやかなため、巻きグセがナイロンよりもつきにくく、また高額でもあり、ちょっと長持ちさせようという気持ちが働きやすかった。

PEラインの替えどきを「色落ちではなく、繊維の毛羽立ち」と考えている人も多い。巻いてから何ヵ月というのは人によって釣行回数が異なるため、尺度にはならない。色に関しても、色落ちしやすい製品もあるし、色落ちは劣化ではなくガイドとの摩擦やコーティング工程が関係するものとの見方もある。

⬆リールを1個買ったら、それに合うスプールを1個買い足しておくとそのリールの用途が倍になる

毛羽立ちは、釣行から帰る度に丁寧に手入れしていてもやがて迎える、避けようのない状態である。原則として、釣行を終える度にリーダーはもちろんのこと、先端のPEラインも数十メートルカットするほうが無難である。先端付近はどうしても岩場などに触れる確率が高く、傷つきやすい。釣行の度にリールに巻かれたラインの量が少しずつやせていくのはやむを得ない。しかし、減りすぎると釣りに支障が出るため、その前に交換時期がくる。しかし、だからといってすぐに新しいラインに巻き変えるのではなく、今度は反対からラインを巻き直すと、またしばらく使える。今まで使っていたラインの先頭と末端を入れ替えるわけだ。いったんスプールからラインを抜き取り、違うリールに移し替えればよい。

現在は、スプールの互換性も広がっており、コンパクトスプールや浅溝スプール、深溝スプールなどさまざまある。新しいリールを購入したら、そのときに合わせて替えスプールも買っておくと使用の幅が広がり、結果的にコストパフォーマンスが向上する。

また、PEラインも昔に比べると価格が全体的に安価になった。種類もいっそう増えて品質自体も向上し、ピンからキリまで選べるようになった。同じ号数でも価格の違いがあり、その違い（機能）は価格にほぼ比例するといえる。

高額なラインは使いやすいし、使っていてストレスがないように思える。ただし、劣化のスピードは人それぞれの使い方と手入れの仕方によって前後する。

ちなみに、PEラインをリールに巻くときは、負荷を加えて密に巻く。

よくある質問 etc. 14

ショップイベントは収穫が多い

最近は各釣具店が企画するストアイベントが多い。特にルアー釣りが細分化され、さまざまなジャンルが確立したことでターゲットが広がり、それぞれの専門ルアーやアイテムが充実の一途を辿る背景から、そのジャンルを代表するプロアングラーも登場し、その人が登壇してセミナーやトークライブを開催する機会も増えた。

極めつけは横浜と大阪で年に1回ずつ開催されるフィッシングショーだ。圧倒的な規模で各会場ともに大勢の釣り人が詰めかけ、すごい熱気に包まれる。目当ての最新製品を手に取って確かめられ、お気に入りのメーカーのカタログも入手可能とあれば当然だろう。催しによっては長蛇の列も随所に見かける。いかんせん集客が多いので、プロアングラーやメーカー開発者、あるいは精通するスタッフとじっくり話せる機会は限られてくる。各メーカーが一堂に会しているため、1つでも多くのブースを巡り、見て歩くほうが自分のリズムで回りやすい。

その点、ストアイベントではジャンルが絞られ、そこに力を注いでいるメーカーが集合しやすい。自分の興味が企画と合致すれば、すでにある程度フィルターがかかった状態で製品を見ることができるほか、巨大展示会では難しかった開発者やプロアングラーともじっくり会話できる。スペース的に歩き疲れることもなく、製品の確認や情報交換にたっぷりと時間を割ける。

製品が誕生した経緯やルアーのスペック、得意とするシチュエーションなど、製品パッケージに綴られた紹介とはひと味違った肉声が聞けるほか、自分が暮らす地域に適した製品も見つけやすくなる。担当者は、ご当地に即した形で情報を提供してくれるはずだ。さらには、たとえばアシストフックの作り方などを直伝してもらえるばかりか、それをプレゼントしてくれたり、ささやかな収穫もある。「あのときの●●さんですね」、と名前を覚えてもらえることだってあり、ＳＮＳでつながるきっかけにもなる。

⬆ストアイベントのほとんどはテーマを絞った形で開催される。そこが魅力だ。関心が合えば、気になる製品が目白押しのほか、深い話も聞ける

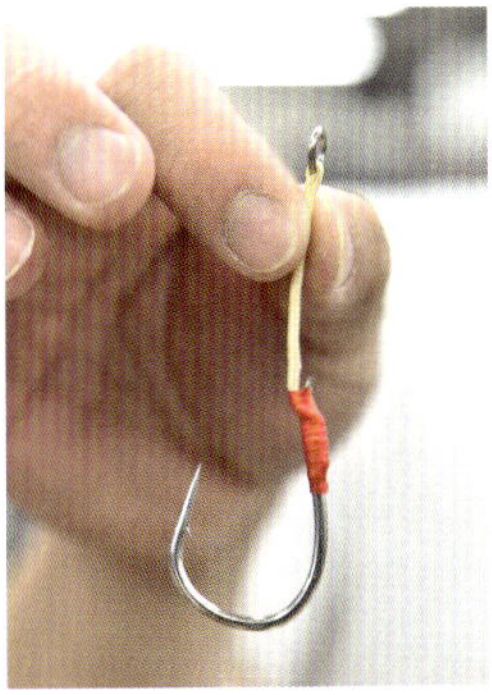

➡「このアシストフックはこうやって作るとよい」と実演してくれたり、手ほどきしてもらえることもある

遊漁船及びプレジャーボート釣行のライフジャケット着用義務化

平成30年2月1日、「船舶職員及び小型船舶操縦者法施行規則の一部を改正する省令」で、遊漁船やプレジャーボートなどの小型船舶に乗船して釣りをする場合、安全基準に適合したライフジャケット（桜マークあり）の着用が義務付けられた。

したがって使用しているライフジャケットの中には、要件を満たしていない製品もある可能性があるため、注意しておきたい。

基準を満たすものかどうかの判断として最もわかりやすいのは、桜マーク（写真の「型」と印字された花びらマーク）があるかどうかだ。

これが義務化される前は、釣り人それぞれの判断でさまざまなものが使用されており、浮力材が入った磯用のものを使う人も多かった。

確かに、水に落ちたときにタイムラグがなく浮いてくれるためいいような気もするが、座ったり、シャクッたり、細かい動きをすることが多い船上ではかさ張る点も否めない。

船の釣りで転落するケースはそう多くはない。しかし、船の場合のライフジャケットの意味は、他船との接触や、衝突回避のために、海に飛び込まねばならないケースである。ごく希にだが、予期せぬ方向から大波が押し寄せ、船を飲み込む場合もある。

そのときに身体を海面で保持し、場合によっては岸まで泳ぐのに役立つライフジャケットは必需品である以上に、義務づけられた釣り具である。

⬆シリンダーから圧縮空気が送り込まれ、自動で膨らむ生地部分に印字された桜マーク。このマークがあるライフジャケットならば OK だ（写真提供：オーナーばり）

自動膨張タイプゆえ、普段はかさ張ることがなく、動きやすいのが特徴だ。特に夏は磯用のライフジャケットとは比べものにならないくらい快適だ。

雨の日でも使えるが、釣り終えて濡れたままにしておくと膨張するリスクがある。

沖磯瀬泊まり釣行備品リスト 秋冬編

・タックルは１組として記載
・荷物は小分けに個数を増やして、重さを分散させたほうがよい。大きく分けると重くなり、瀬上がりの荷物リレーの際に手間取ることがある。

（春夏編は「レッドオーシャン戦略」を参照）

□ロッド
□リール
□替えスプール
□予備ライン
□リーダー
□予備リーダー
□一軍ルアー
□予備ルアー
□食材確保用ルアーあるいはエサ及びそのタックル
□フック
□リング（スプリット、ソリッド）
□ゲームプライヤー
□ハサミ
□リリーサー（根掛かり用）
□フィッシュグリップ
□グローブ
□ニットキャップ
□ネックウォーマー
□フリースアンダーウエア
□ミッドレイヤー
□アウター
□替えソックス
□替え下着（使わないケースが多い）
□偏光グラス
□ライフジャケット
□ドンゴロス（足元がノリで滑る釣り場用や釣果キープ用）
□ランディングツール（タモ網やギャフ）
□ヘッドライト
□予備ライト
□ライト用電池
□クーラー
□ストリンガー
□食料
□飲料（粉末式含む）
□真水
□ストーブまたはジェトボイル（調理用）
□鍋またはヤカン
□予備燃料
□缶詰
□カップ麺
□ライター
□お酒
□携帯電話
□携帯電話予備バッテリー
□カイロ
□軍手（熱いものを扱うときに便利）
□新聞紙（多目的用。大の用を足すときは下に敷き、包んで処分すると磯の上は何事もなかったかのようである）
□トイレ用のティッシュ
□エマージェンシーシート
□歯ブラシ＆歯磨き
□タオル
□手拭き用アルコール
□痛み止め
□常備薬
□酔い止め
□割り箸
□スウェット上下（磯ではなく船中泊する場合）
□デッキサンダル（磯ではなく船中泊する場合）
□耳栓（行き帰りの船中で寝るとき用）
□アイマスク
□サビキ（船中泊の際、船べりから釣る）
□オモリ（船中泊の際、船べりから釣る）
□テント（人による）
□シュラフ（人による）
□ブルーシート（人による）
□ロープ（人による）
□ハーケン（人による）
□ハンマー（人による）

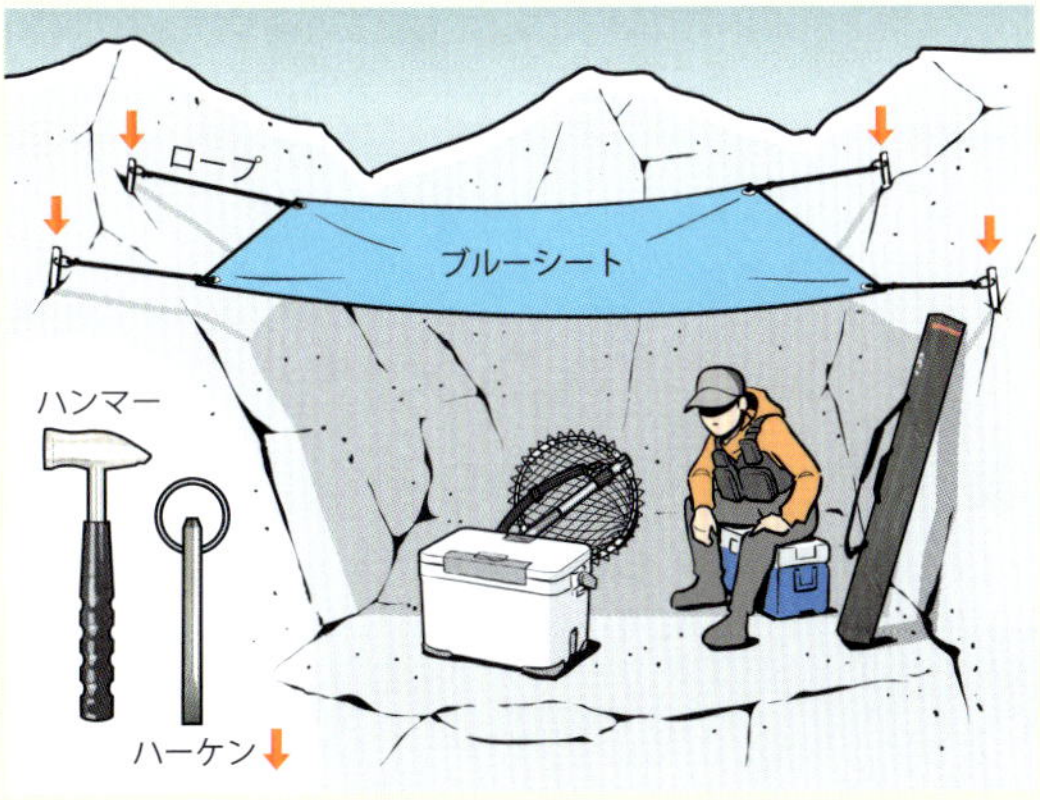

ワームの
主な種類
1

ワームは、さまざまなリグにセットするアプローチがメインになるものもあれば、アトラクターとしてタイラバに後づけするものもある。

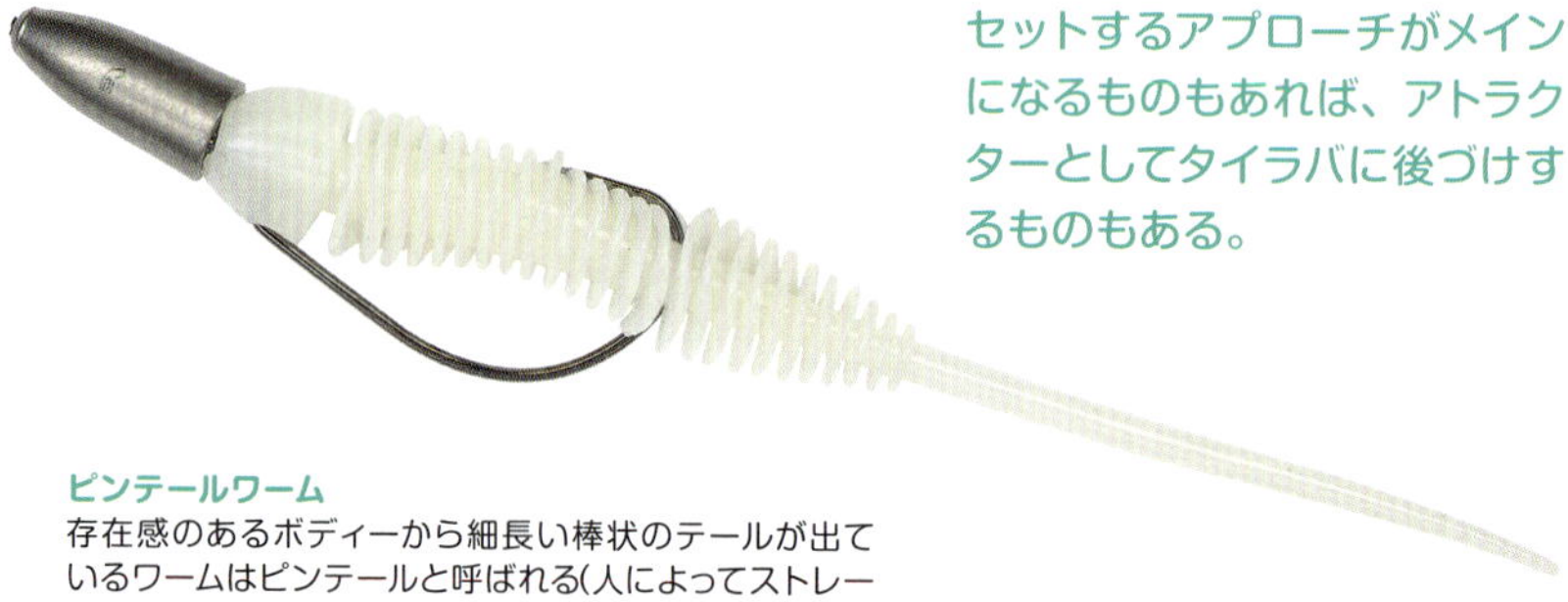

ピンテールワーム
存在感のあるボディーから細長い棒状のテールが出ているワームはピンテールと呼ばれる(人によってストレートテールともいう)。シャッドテールやカーリーテールのような強い波動は出ないため、魚がスレ気味のときに有効だ。写真はテキサスリグにセットしたもの

シャッドテールワーム
シャッド＝小魚を模したワーム。尻尾の部分が小刻みに激しく左右に揺れて強くアピールしてくれる。全長のシルエットを小さくしつつ、波動だけは強くしたいときに有効。写真はジグヘッドにセットしたもの

フックのハリ先を丸出しにすると当然根掛かりしやすくなるが、魚が食ってきたときもハリ掛かりしやすい。逆にハリ先をワームのボディー本体に沿わせたり、ボディー内部に収めてセットすると根掛かりには強くなるが、魚がしっかり食ってくれないとハリ掛かりの確率も低くなりがちだ。

カーリーテールワーム（グラブ）
くるんと丸まった形状の尻尾をしたワームは、引くと尻尾が伸びつつ（丸まった状態が開きつつ）大きな揺らぎを生み、シャッドテール同様に周囲に強く存在をアピールする。写真はヘビーキャロライナリグにセットしたもの

ワームの
主な種類 2

ハリ先をワーム本体から完全に出してセットするときはストレートフックを使用し、ワームのボディー内部に収めたり、本体に沿うようにセットするときはオフセットフックを使用する。

ストレートワーム
太さがほぼ均一な形状のワーム。見た目の存在感を出しつつも、波動は抑え気味なところが持ち味。写真はネコリグにセットしたもの。ネコリグはバスフィッシングで定番だが、東北や北海道の根魚ねらいでも有効である

フィンテールワーム
尻尾がまさにフィン＝ヒレのようになっているワーム。シャッドテールはブリブリと波動を出すが、フィンテールは抑え気味の細かいピッチの動きになる。写真はジグヘッドにセットしたもの

底取りが少ないアプローチには、ジグヘッドリグやテキサスリグ、スプリットショットリグなどが適している。回数多く着底させて刻むように探ってくるとき、つまりリフト＆フォールを繰り返す場合には、ヘビーキャロライナリグや直リグ、ネコリグなどが適しており、テキサスリグはここでも有効。テキサスリグはスイミングもボトムノックもどちらとも得意だ。

クロー系ワーム
ホッグ系ワームとも呼ばれる。見た目のとおり、ザリガニ、エビを模している。主に海底近辺を釣るときに使われ、海底から浮かせてはまた沈めるリフト＆フォールやボトムノックのアプローチとの相性がよい。写真は直リグ（ゼロダン）にセットしたもの

基本《きほん》を知《し》り、応用《おうよう》を知れば百戦《ひゃくせん》危《あや》うからず
ルアーフィッシング　ブルーオーシャン戦略《せんりゃく》
2019年9月1日発行

編　者　つり人社書籍編集部　編
発行者　山根和明
発行所　株式会社つり人社

〒101－8408　東京都千代田区神田神保町1－30－13
TEL 03－3294－0781（営業部）
TEL 03－3294－0766（編集部）
印刷・製本　図書印刷株式会社

乱丁、落丁などありましたらお取り替えいたします。

ISBN978-4-86447-338-5 C2075

つり人社ホームページ　https://www.tsuribito.co.jp/
つり人オンライン https://web.tsuribito.co.jp/
釣り人道具店　http://tsuribito-dougu.com/
つり人チャンネル（You Tube）　https://www.youtube.com/channel/UCOsyeHNb_Y2VOHqEiV-6dGQ